Juicio por jurados y género

Juicio por jurados y género. Mujeres acusadas frente al estrado

Cecilia González

edicionesDidot

González, Cecilia
Juicio por jurados y género: mujeres acusadas frente al estrado /
Cecilia González.
1a ed. - Ciudad Autónoma de Buenos Aires: Didot, 2025.
146 p. ; 14 x 21 cm.
ISBN 978-987-8949-39-0
1. Derecho Penal. 2. Juicio por Jurados . 3. Estudios de Género. I. Título.
CDD 345

1° ed. en español
Hecho el depósito en ley 11.726
Libros de edición argentina
ISBN 978-987-8949-39-0

ediciones **Didot**
Arévalo 1830, CABA, Argentina
Te. (+54911) 6624-5381/4771-9821
www.edicionesdidot.com
didot@edicionesdidot.com

Diseño de tapa: Ezequiel Cafaro

Impreso en febrero 2025
La Imprenta Ya
Estados Unidos 1061, Villa Martelli
Buenos Aires, Argentina

Índice

Prólogo
María Luisa Piqué[1]

La implementación del juicio por jurados en Argentina ha sido la auténtica revolución constitucional y procesal penal del S. XXI. Después de cientos de años de incumplimiento del mandato de la Constitución histórica, y al aprovechar la caducidad y colapso de los sistemas mixtos, en un proceso que arrancó en 2007 en Córdoba, las provincias fueron sancionado leyes de juicio por jurados a lo largo y a lo ancho de nuestro país. Mientras que el Estado federal demostró sus peores déficits en materia procesal –al 2024 sigue sin poder soltar sus jueces de instrucción, sus expedientes formalizados, sus declaraciones indagatorias, sus etapas recursivas que duran años– las provincias se pusieron a la vanguardia, sin esperar ni el envión ni la venia del Congreso Nacional.

Esta novedad se fue retroalimentando, y dio lugar a nuevas preguntas y desafíos. Por primera vez la academia y la práctica judicial empezaron a preguntarse seriamente por cuestiones antes soslayadas, como aquellas relativas a la calidad del litigio y de la prueba y las reglas de evidencia.

En un proceso paralelo, también en el S. XXI empezó a ocupar un lugar más central en la agenda procesal penal la obligación de asegurar a las mujeres un acceso a la justicia sin discriminación.

---

[1] Abogada (UBA). Especialista en Derecho Penal y Procesal Penal (UTDT). Master en Derecho (Universidad de Georgetown). Profesora de Garantías Constitucionales del Derecho Penal (UBA) y de Género y Derecho Penal (maestría UDESA). Fiscal de la Procuración General de la Nación.

Dentro de todas las dimensiones del acceso a la justicia, está la del proceso penal, y la de asegurar a las mujeres –sea que se presenten como víctimas o que estén acusadas de un delito– un juzgamiento libre de estereotipos de género. En la etapa preliminar como en la etapa de juzgamiento, Argentina debe asegurar que la recolección, producción y valoración de la prueba esté libre de asunciones y generalizaciones que impliquen descripciones sobre lo que las mujeres son o hacen (es decir, que eliminen la individualidad de la mujer de carne y hueso que está en el proceso judicial) y de prescripciones sobre cómo deben comportarse y qué tienen que hacer las mujeres en razón del género (es decir, que restrinjan su autonomía personal).

Estos dos procesos paralelos terminaron por fundirse. Y por eso la importancia de este libro. La investigación de Cecilia González ilustra con precisión y puntillosidad cómo se intersecan los desafíos propios del sistema juradista, y la necesidad de incorporar perspectiva de género en los procesos judiciales en los casos que involucran a mujeres víctimas de violencia de género, en particular a aquellas que están acusadas de haber cometido algún delito.

La muestra de casos sobre las que se basa la autora ejemplifica todas las aristas que están atravesadas por cuestiones de género, desde las más sustantivas (la legítima defensa, las agravantes del homicidio, la inimputabilidad, la emoción violenta, las circunstancias extraordinarias de atenuación) hasta las procesales (la imparcialidad, las instrucciones al jurado, la producción y valoración de la prueba de la violencia de género). En el libro la autora desmenuza cada una de ellas –tanto las propias del sistema de jurados como las de género– con rigor académico, en un envidiable equilibrio entre precisión teórica y dimensión práctica. Lejos de tomar la perspectiva de género como eslogan o dogma, la ejercita en cada uno de sus análisis y comentarios, y demuestra los potenciales que tiene esta perspectiva como categoría metodológica del derecho.

Carlos Nino[2] decía que al jurado no se lo podía defender o atacar basándose en la mayor o peor calidad de sus decisiones en comparación con la de la justicia profesional, ya que no hay –ni podría haber– evidencia empírica en ese sentido. Si Argentina desde 1853 elige ese sistema de enjuiciamiento es porque tiene un enorme valor como expresión de la participación directa de la población en un acto de gobierno tan importante como la imposición de la coacción estatal y porque además impide que "el derecho se convierta en un instrumento esotérico que solo puede ser interpretado por una especie de casta sacerdotal".

Este libro es tributario de esa idea. Nos demuestra cómo es posible pensar un sistema de jurados compatible con los derechos de las mujeres, corriéndose de la competencia pueril que se pretende hacer en los ámbitos académicos entre ese sistema y la justicia profesional. Ya no hay vuelta atrás en el sistema de jurados, es un tipo de enjuiciamiento que llegó para quedarse, y no podemos saber si los resultados son "mejores" o "peores" que los de la justicia profesional (y, por cierto, ¿cómo saber eso?). Pero lo que sí podemos saber –en parte gracias a este libro– es qué ajustes habrá que hacer para que el ejercicio directo de la justicia penal por parte de la ciudadanía nos devuelva un proceso judicial con perspectiva de género y contribuya a crear una justicia feminista.

---

2 Nino, Carlos Santiago, *Fundamentos de Derecho Constitucional*, Astrea, Buenos Aires, 2005, p. 451.

Agradecimientos

Esta investigación se enriqueció con entrevistas mantenidas con defensores/as, fiscales/las y jueces/zas que trasmitieron sus experiencias y puntos de vista.

A todas ellos/as, y a quienes facilitaron el material audiovisual de las audiencias, muchas gracias por su generosidad.

Introducción.
Las respuestas penales del jurado ante la violencia de género

La implementación del sistema de jurados y las demandas para la incorporación de perspectiva de género en la Justicia

Los proyectos de ley para la incorporación del jurado en las provincias de Argentina tuvieron como trasfondo la preocupación sobre la legitimidad del sistema de justicia (Anitua, 2017; Bergoglio y Viqueira, 2019). Se propuso, a favor de la reforma procesal, que la participación popular en la determinación de la responsabilidad penal es un freno político para la arbitrariedad de los funcionarios en el uso de los mecanismos coactivos (Maier, 2004; p. 787), mejora la calidad de la democracia por robustecer el proceso deliberativo (Gargarella, 2016), supera de manera definitiva el modelo inquisitivo y oscurantista, y funciona como garantía para el imputado a ser juzgado por sus pares (Anitua, 2017; Porterie y Romano, 2018).

La implementación del jurado clásico avanzó en distintos puntos del país (Neuquén, Buenos Aires, Río Negro, Mendoza, Chaco, Entre Ríos, Chubut, San Juan, Ciudad Autónoma de Buenos Aires, Catamarca, Santa Fe, Salta) y coincidió con el debate sobre la incorporación de la perspectiva de género en el litigio y en el juzgamiento (Arduino y Lorenzo, 2022). La agenda de género y justicia está marcada por avances y retrocesos. Hoy en día se identifica mayor jurisprudencia que incorpora estándares de Derechos Humanos, robusta producción teórica y operadores/as judiciales interesados/as en revisar prácticas discriminatorias. A la vez, persisten graves afectaciones al deber de tutela estatal y demandas de la ciudadanía al sistema de justicia. En este contexto, se inserta la celebración de los primeros juicios por jurados.

A partir de juicios donde se dictaron veredictos de absolución por hechos de violencia sexual contra mujeres, se reabrió la discusión con propuestas que proponen anular al jurado para determinados casos (Arduino y Lorenzo, 2022). También, ante juicios que finalizaron con veredictos de culpabilidad que atenuaban femicidios, se discutió la necesidad de capacitar en género a los jurados. Se sugirió que los imputados por hechos de violencia sexual optan por juicios populares porque evalúan que cada vez más jueces se están capacitando en género y prefieren apostar al criterio de la gente común (López Peiró, 2021). La idea que guía esta proposición es que los jurados juzgan a las víctimas de agresión sexual con más dureza que a otros testigos y basan sus veredictos en percepciones estereotipadas sobre las víctimas reales y en mitos acerca de la violación (Graw Leary, 2020).

Sin embargo, otras consideraciones corresponderían realizarse en los casos en los que mujeres en contexto de violencia aparecen vinculadas al proceso penal en calidad de imputadas, especialmente porque, indistintamente de que se presenten como víctimas o como victimarias, el acceso a la justicia de las mujeres está moldeado según el cumplimiento de los roles de género y el repertorio de conductas asociadas a las figuras de buena/mala víctima, buena/mala esposa, o buena/mala madre (Bodelón, 2014; Cook y Cusak, 2010; Madriz, 2001; Maqueda Abreu, 2014; Pitch, 2015).

La relación de las mujeres con la administración de justicia penal siempre ha sido conflictiva, ya sea que acudan a los tribunales para resolver situaciones de violencia que padecen o para responder por las imputaciones en su contra (Asensio y Di Corleto, 2020; p. 20). Si bien en las últimas décadas se realizaron avances en el reconocimiento de las condiciones de discriminación que sufren las mujeres víctimas de delito, en un contexto de discursos punitivistas, más costosa es la reflexión acerca de la particular situación en la que se encuentra el sujeto activo que delinque. En este escenario, "el Estado se encuentra presente en su faz punitiva, pero sin tener presente las condiciones previas que condicionan la situación de las mujeres" (Cano Callejo, 2016; p. 38).

Esta investigación se propone conocer el tratamiento del sistema de jurados para con las mujeres acusadas de homicidio insertas en contextos de violencia[1]. El nuevo impulso adoptado por la puesta en marcha de la reforma juradista invita a preguntarnos si el sistema de jurados garantiza el juzgamiento con perspectiva de género. La propuesta que adopta el trabajo es explorar sus posibilidades mediante el estudio de casos reales.

El análisis parte de los hallazgos de otros estudios de Derecho y Géneros que pusieron el foco en los sesgos de la dogmática penal y la valoración probatoria en el tratamiento de casos de mujeres acusadas por matar a su pareja violenta. En esta oportunidad se hace foco en el juicio oral, y particularmente se busca identificar los roles de la justicia técnica, los jurados populares, la acusación y la defensa. De esta manera, la investigación pivotea sobre los desarrollos acerca de litigación oral en sistemas acusatorios, para observar cuánto de la agenda por los Derechos Humanos de las mujeres está incluido en las prácticas judiciales. El objetivo de la indagación es identificar cuáles son las posibilidades y los obstáculos para que la justicia penal con participación ciudadana funcione mediante la litigación con perspectiva de género.

La investigación asume que, si bien el enfoque de género en el derecho es un concepto que se fue transformando y complejizando a lo largo del tiempo (Asensio y Di Corleto, 2020; p. 23),

---

1 Se sustenta en la tesis de maestría en Derecho Penal de la Universidad de Palermo, llamada "El sistema de jurados frente a mujeres acusadas de homicidio en contexto de violencia de género. Estudios de casos de la provincia de Buenos Aires". El estudio fue corregido y ampliado para la presente publicación.

existen constantes necesarias para el acceso a la justicia sin discriminación. La mirada de género busca reconocer las desigualdades estructurales; la necesidad de intervenir sobre estas para modificar las condiciones de existencia de las mujeres y otras identidades sexogénericas; la asunción de la falsa neutralidad del derecho; el análisis contextualizado y situado de los conflictos (Asensio y Di Corleto, 2020). El reto consiste en advertir las consecuencias del género en el Derecho y en la justicia penal, allí donde las normas, los procedimientos y las instituciones jurídicas se presentan como neutrales, tanto en sus formas teóricas como en sus aplicaciones (Heim, 2016, p. 94).

También adopta un compromiso propio de la investigación feminista en el Derecho, que "describe críticamente la relación entre género y el derecho, prescribe cómo esa relación debe ser mejorada, o ambas cosas" (Bartlett, 2012; p. 382). Los métodos legales feministas son muy amplios (Costa, 2016; p. 219), pero coinciden en "valora(r) la flexibilidad de las reglas y la habilidad para identificar puntos de vista ausentes", frente a los métodos legales tradicionales que "dan una enorme importancia a la predictibilidad, certeza y fijeza de las reglas" (Bartlett, 2008; p. 13).

Desde la dimensión propuesta, este trabajo no busca establecer reglas generales para todos los juicios por jurados ni tampoco para todos aquellos en los que se debata la violencia de género. La exploración intenta aportar información útil para elaborar una cartografía acerca de las respuestas penales del jurado ante la violencia de género, en un contexto dinámico y en constante cambio. La diversidad de provincias incluidas (Buenos Aires, Mendoza, Neuquén y Río Negro) pretende considerar distintos contextos en los que inserta el jurado, ya que, a pesar de que los sistemas normativos son similares o idénticos, muchas veces sus prácticas no son necesariamente equivalentes, "lo que arroja una diversidad de prácticas y antecedentes" (Zvilling, 2021).

Litigio con perspectiva de género en audiencias ante jurados

Una preocupación recurrente ante la implementación del jurado es la incidencia de las representaciones sociales hegemónicas en el veredicto popular, y el punto ciego que genera el carácter secreto de la deliberación. Al no existir sentencia con exteriorización de motivos, no se cuenta con la posibilidad de identificar el uso de estereotipos expresos o tácitos en la valoración probatoria.

Lejos de la foto final representada en el veredicto, hay que analizar la integralidad del litigio para verificar si el sistema de jurados clásico garantizó un juzgamiento con perspectiva de género, especialmente porque el sistema de jurados pone especial énfasis en los mecanismos procesales previos, porque intenta "construir un sistema que tienda a la prevención más que al control de los posibles errores en la toma de decisiones" (Lorenzo, 2020; p. 264). Como se trata de un sistema, no es suficiente centrarse solo en el comportamiento del jurado popular, sino en este, en sus interacciones con jueces/zas, fiscales/as, y defensores/as.

En definitiva, esta investigación también indaga acerca de qué arreglos institucionales/procesales y qué tipo de litigio se requieren para evitar que se produzcan decisiones discriminatorias contra las mujeres en contextos de juicios por jurados. Relevar las buenas prácticas de los/las profesionales del derecho nutre la idea de que son ellos y ellas quienes tienen el rol fundamental de garantizar el debido proceso y la tutela judicial. En este sentido, la Corte Suprema de la Nación definió este rol central en "Canales" cuando expresó que "el juicio por jurados es la alternativa que permite conjugar la 'precisión' propia el saber técnico con la 'apreciación' propia del saber popular" en la que "los representantes del saber técnico *se encargan de controlar que el camino hacia la decisión se encuentre balizado* conforme a reglas procesales previas y precisas (debido proceso adjetivo)"[2].

---

2 CSJN, "Canales", cons. 20 (el resaltado me pertenece).

El diseño del juicio por jurados clásico en Argentina presenta herramientas que —implementadas con perspectiva de género— permiten controlar que se permeen estereotipos de género que incidan indebidamente sobre el veredicto. La paridad de género en su integración, el uso de las recusaciones en la audiencia del *voir dire*, el control sobre la validez de las instrucciones y la audiencia de exclusión de la prueba son mecanismos decisivos para garantizar el acceso a la justicia sin discriminación a las víctimas de violencia de género (Monod Nuñez, 2020).

Para analizar estos institutos, el libro propone el siguiente recorrido: en el capítulo 1, se repasará la jurisprudencia de la Corte Interamericana de Derechos Humanos en materia de jurados y género, donde se destacan los mecanismos procesales existentes, para evitar que se afecte la debida diligencia para prevenir, investigar y sancionar la violencia contra la mujer y la prohibición de arbitrariedad. También se revisa un debate que circula entre operadores y operadoras del sistema de justicia acerca de la necesidad (o no) de que integrantes del jurado reciban capacitación en género para ejercer el rol de juzgadores. Posteriormente, en el capítulo 2 se reseñan los juicios que integran esta investigación, para lo cual se presentan los hechos principales y las teorías del caso de las partes. Más allá del análisis general que se realizará en los capítulos siguientes, se mantuvo una presentación individual de cada caso para dimensionar sus especificidades y los términos de la contienda. Al finalizar el capítulo, se sistematizará cuáles fueron los veredictos del jurado. En los capítulos siguientes, esta investigación avanza en la composición del jurado y el *voir dire* (capítulo 3), la producción de prueba sobre la violencia de género (capítulo 4) y las instrucciones (capítulo 5). En cada capítulo se hace un breve recorrido teórico acerca de las finalidades de cada etapa procesal, se recuperan buenas prácticas, se contrastan con los casos en los que las mujeres fueron juzgadas ante los jurados populares y se cierra con los hallazgos pertinentes. Al finalizar el libro, se sintetizan las principales conclusiones del trabajo y se dejan interrogantes para futuras investigaciones.

Capítulo I. Los resguardos procesales del enjuiciamiento por jurados y la debida diligencia en casos de violencia de género

El juicio por jurados según la Corte IDH

El primer pronunciamiento de la Corte IDH sobre jurados fue en el "Caso V.R.P. y otros vs. Nicaragua"[3], cuando evaluó la responsabilidad estatal por el juzgamiento interno de la violencia sexual perpetrada contra una niña en el ámbito familiar. El tribunal realizó un control de convencionalidad sobre el procedimiento de juicio por jurados en función de las garantías previstas en el art. 8 de la CADH. Sostuvo que el hecho de que el veredicto absolutorio no exterioriza la motivación no implica *per se* una violación del artículo 8.1[4]. Indicó que "todo veredicto siempre tiene motivación, aunque como corresponde a la esencia del jurado, no se expresa. Pero el veredicto debe permitir que, a la luz de las pruebas y el debate en la audiencia, quien lo valora pueda reconstruir el curso lógico de la decisión de los jurados, quienes habrían incurrido en arbitrariedad en el supuesto en que esta reconstrucción no fuera viable conforme a pautas racionales"[5].

---

3 Corte IDH, "Caso V.R.P, V.P.C. y otros vs. Nicaragua", sentencia de 8 de marzo de 2018, Excepciones Preliminares, Fondo, Reparaciones y Costas, Serie C N° 350.

4 Corte IDH, "Caso V.R.P.", *op. cit.*, párr. 258.

5 Corte IDH, "Caso V.R.P.", *op. cit.*, párr. 259.

Las definiciones de este antecedente generaron críticas (Ferrer Beltrán, 2021) y celebraciones (INECIP, 2018) desde distintos puntos de vista. Menos comentado fue que la Corte IDH vinculó la prohibición de arbitrariedad (8.1 CADAH) con la debida diligencia para prevenir, investigar y sancionar la violencia contra la mujer (art. 7.b CBP) [6], y dio algunas precisiones sobre arreglos procesales para evitar que estas garantías se vieran afectadas.

Partió del siguiente diagnóstico: "... el proceso penal por casos de violencia sexual lleva ínsito una serie de dificultades técnicas propias que hacen difícil su enjuiciamiento. Es común que existan escasas pruebas sobre lo sucedido, que el acusado afirme su inocencia, y que la discusión se circunscriba a la palabra de una persona contra otra. A ello se suman los prejuicios e ideas preconcebidas y estereotipadas propias del sistema patriarcal que existen en el imaginario social en torno a la violencia sexual. Los jurados son susceptibles de trasladar al procedimiento tales prejuicios e ideas y ser influenciados por ellos al momento de valorar la credibilidad de la víctima y la culpabilidad del acusado, condicionando de modo especial a quienes no poseen una capacitación especial en este tipo de delitos"[7] .

Posteriormente, señaló que existían resguardos para esos riesgos: "En razón de lo anterior, en el caso de juicio por jurados, algunos sistemas prevén, como buenas prácticas, medidas para mitigar el impacto de tales condiciones. Así establecen, por ejemplo, el ofrecimiento de pruebas de expertos, llamadas pruebas contraintuitivas, dirigidas a brindar información a los jurados sobre las particularidades de los hechos que se enjuiciarán, a fin de que puedan realizar una valoración de la prueba lo más objetivamente posible. Asimismo, se asigna al juez técnico la función de brindar instrucciones a los jurados sobre la forma de analizar determinadas pruebas en el procedimiento, o bien se establecen preguntas que el jurado debiera contestar a través del veredicto. Por otra parte, en algunos sistemas se prevé una etapa

---

6 Corte IDH, "Caso V.R.P.", *op. cit.*, párr. 271.

7 Corte IDH, "Caso V.R.P.", *op. cit.*, párr. 254.

especial, conocida en el sistema anglosajón como *voir dire,* para la selección de los jurados con carácter previo al juicio en la cual las partes tienen la facultad de vetar a aquellas personas que les puedan significar parciales o no aptas para el juzgamiento del caso"[8].

Finalmente, encontró que el procedimiento interno de juicio por jurados en Nicaragua "no ofreció garantías suficientes para escrutar la decisión del jurado y, por ende, asegurar que la decisión no fuera arbitraria"[9]. La Corte IDH censuró el procedimiento de juicio por jurados por la ausencia total en Nicaragua de una reglamentación expresa sobre las instrucciones al jurado y sobre la prueba contraintuitiva. No dio mayores precisiones sobre el cumplimiento de la debida diligencia cuando el ordenamiento procesal de jurados ya provee expresamente esas herramientas. Si bien la ambigüedad puede responder a la diversidad de modelos de jurados que tienen los países que integran la OEA y la intención de no comprometerse con ninguno de estos (Piqué, 2021b), desde el ámbito local, es necesario llamar la atención acerca de la necesidad de mejorar y enriquecer los estándares de litigio para el sistema de jurados, en clave de derechos humanos.

Posteriormente, en el caso "Roche Azaña y otros vs. Nicaragua"[10], reiteró los estándares fijados en "V.R.P."

---

8 Corte IDH, "Caso V.R.P.", *op. cit.*, párr. 265 (el resaltado me pertenece).

9 Corte IDH, "Caso V.R.P.", *op. cit.*, párr. 269.

10 Corte IDH, "Caso Roche Azaña y otros vs. Nicaragua", sentencia de 3 de junio 2020, Fondo, Reparaciones, Serie C n° 475. La Corte IDH se pronunció sobre la responsabilidad estatal de Nicaragua por la muerte y lesiones a dos migrantes ecuatorianos cuando estaban en una zona fronteriza rumbo a Estados Unidos. También se pronunció sobre la responsabilidad estatal por las garantías judiciales incumplidas durante el proceso penal que enjuició a los agentes estatales que efectuaron los disparos. Respecto de este tramo, parte de los agravios de la CIDH y de los representantes de las víctimas fue la falta de motivación del veredicto del jurado y la imposibilidad de recurrir el veredicto absolutorio por parte de las víctimas. La Corte reiteró los estándares que había fijado en "VRP", pero no se pronunció sobre el planteo en el caso en concreto porque estableció que las víctimas no habían sido notificadas de la existencia misma del proceso y fue ese el motivo por el que se vieron impedidas de intervenir procesalmente en procura de la obtención de justicia (párr. 96).

En el caso "Angulo Losada vs. Bolivia"[11], volvió a pronunciarse sobre el juzgamiento por jurados en casos de violencia sexual en el ámbito familiar. Esta vez mostró una preferencia por los jueces técnicos en casos de violencia sexual que no había expresado con anterioridad. En el apartado de reparaciones de no repetición, expresó que "la Corte resalta la modificación del Código de Procedimiento Penal, que establece que los tribunales de sentencia se integren por tres jueces técnicos, y no por dos profesionales de justicia y dos ciudadanos como estaba establecido al momento de los hechos, lo que garantiza que casos de violencia sexual contra personas menores de edad sean juzgados por autoridades judiciales de carácter técnico, que pueden contar con la debida capacitación y especialización"[12].

La modalidad de juzgamiento no era parte de la controversia en el "Angulo Losada", por lo que no es posible extraer una modificación al criterio en el "Caso V.R.P.", más cuando es una referencia marginal que no estuvo precedida de un análisis de convencionalidad, como lo hizo en aquel caso. Sin embargo, hay un pequeño movimiento: mientras que no destacó como positiva la reforma procesal en Nicaragua, sí lo resaltó para el caso de Bolivia. En este último país, estuvo vigente entre 2001 y 2014; seguía un modelo escabinado, con las limitaciones propias de ese modelo y con dificultades en su implementación (Amietta, 2019; Orias Arredondo, 2013). En tanto, Nicaragua seguía un modelo de jurado clásico, que en 2002 fue excluido como modalidad de juicio para juicios para delitos sexuales (ver párr. 227 y siguientes de la sentencia de la Corte IDH, "Caso V.R.P.").

En "V.R.P.", el tribunal interamericano señaló que la falta de capacitación de los jurados en delitos de violencia sexual podía ser un obstáculo a la interdicción de arbitrariedad, pero indicó

---

[11] Corte IDH, "Caso Angulo Losada vs. Bolivia", sentencia 18 de noviembre de 2022, Excepciones Preliminares, Fondo, Reparaciones y Costas, Serie C n° 403.

[12] Corte IDH, "Caso Angulo Losada vs. Bolivia", *op. cit.*, párr. 196.

mecanismos de compensación para evitarla. En cambio, en "Angulo Losada", parece privilegiar a los jueces técnicos que cuentan con capacitación.

El debate sobre la necesidad de capacitar al jurado

A raíz de veredictos cuestionados, se puso en discusión en el ámbito local si el jurado debía recibir capacitación en género. En distintos puntos del país se expresaron voces a favor y en contra. La provincia de Córdoba tomó la iniciativa en 2022 cuando su Corte ordenó proveer a los jurados un curso de "Conceptos básicos para juzgar con perspectiva de género" (Oficina de Jurados Populares y Oficina de la Mujer, 2022). El curso se implementa previamente a la realización de juicios que "verse[n] sobre alguna cuestión cuya resolución implique aspectos relacionados con la violencia de género" (Acuerdo Reglamentario n° 1749, 8/4/2022). Posteriormente, el Poder Judicial de Entre Ríos también tomó los mismos contenidos para capacitar al jurado integrado[13]. En Neuquén[14] y Mendoza[15] existen proyectos de ley para que las personas que integren el jurado deban capacitarse en perspectiva de género.

Quienes expresan objeciones a la capacitación destacan la naturaleza fundamental del jurado lego, la necesidad de que la información que se le aporte sea litigada por las partes como derivación del principio acusatorio, la función de las instrucciones como capacitación dentro del propio juicio

---

13 Disponible en: https://www.jusentrerios.gov.ar/capacitacion-juicio-por-jurados/ (consultado el 20 de enero de 2025).

14 El proyecto tomó estado parlamentario el 6 de mayo de 2021. Ver: https://www.legislaturaneuquen.gob.ar/SVRFILES/hln/documentos/VerTaqui/L/Reunion11.pdf (consultado el 30 de abril de 2023).

15 Ver: https://www.legislaturasconectadas.gob.ar/Prensa/Quienes-ejerzan-en-los-juicios-por-jurado-deberan-capacitarse-en-perspectiva-de-genero/443 (consultado el 30 de abril de 2023).

y la necesidad de que fiscalía, defensa y conducción técnica de los juicios sean los que estén capacitados en género (Romano y Porterie, 2022). "Mas sería un error entender que es a las personas que participan del jurado a quienes se debe dar tal capacitación. No se le exige al jurado conocimientos especiales sobre ninguna materia, ya que de hacerlo se estaría atentando seriamente contra su naturaleza y su legitimidad" (Romano y Porterie, 2022). Esta posición también fue sostenida en el voto del juez Valerio, al que adhirieron Dalmiro Garay Cueli, Llorente y la jueza Day del Tribunal Superior de Justicia de Mendoza en el caso "Acuña"[16], y por el juez Kohan del Tribunal de Casación Penal de la Provincia de Buenos Aires en el caso "Acosta Duarte"[17].

Otras razones prácticas exhiben las dificultades para que la implementación de la capacitación sea efectiva para lograr su objetivo. Es puesto en duda que una capacitación pueda alcanzar a todos los casos de género posibles; es diferente la información que debe brindarse al jurado cuando las mujeres víctimas de violencia aparecen como víctimas o como imputadas; no es posible asegurar que el jurado incorpore la información brindada en el curso, y condiciona la actuación del panel en la audiencia de *voir dire* (Laigle, 2022). Como derivación de lo anterior, es el juez (o la jueza) sobre quien reposa la obligación de capacitación especializada porque, como indica la Corte Suprema, es quien debe "controlar que el camino hacia la decisión se encuentre balizado"[18].

Desde una posición contraria, se sostiene que la obligación de capacitar al jurado se deriva de la obligación estatal de adoptar medidas para erradicar sesgos estereotipados en el juzgamiento

---

16 SCJ de Mendoza, "Acuña", causa n° 13-05410680-1/1, rta: 7/12/2021.

17 Tribunal de Casación Penal de la provincia de Buenos Aires, Sala V, causa n° 118.486, rta: 05/09/2023.

18 CSJN, "Canales", cons. 20.

de hechos de violencia contra las mujeres. Se refuerza la argumentación con la "Ley Micaela" (ley, 27.499), que establece la obligatoriedad de la capacitación en género para todas las personas que desempeñan la función pública.

Esta posición es sostenida, por ejemplo, por el juez Adaro, del Tribunal Superior de Mendoza[19]. El magistrado sostuvo que la capacitación obligatoria alcanza a las personas del jurado "... por cuanto la función que desempeñan [...], amén de implicar el ejercicio de la función judicial de manera ocasional, constituye una carga pública a la que el Estado le debe proporcionar las herramientas necesarias para desarrollarla conforme a los estándares convencionales en materia de género"[20].

Por su parte, el Procurador General de la provincia Entre Ríos instruyó a agentes fiscales a recusar a candidatos/as que no presentan capacitación en género (Instrucción General n° 2/2020, 22 de diciembre de 2020[21]). Apoyó su decisión en el precedente de la Corte IDH "V.R.P.", y la "Ley Micaela". Orientó a los/las fiscales para que, en la audiencia de *voir dire* se ponga "especial énfasis en determinar si el potencial jurado tiene perspectiva de género en su análisis de las situaciones problemáticas", y llamó a recusar si surgiera que no tienen capacitación específica. Indicó que se debía dejar protesta a los fines del recurso si el/la juez/a interviniente rechazara la recusación formulada.

Es cierto que, en "V.R.P", la Corte IDH asoció la capacitación al jurado como un mecanismo para garantizar la prohibición contra la

---

[19] SCJ de Mendoza en pleno, "Acuña", causa n° 13-05410680-1/1, rta: 7/12/2021, voto del juez Adaro, en el mismo sentido sus votos en la Sala Segunda de la SCJ en los casos "Ragonesi", Sala Segunda, causa n° 13-04819259-3/1, rta: 19/3/2020 y "Mendoza", causa n° 13-04860019-5/1, rta: 6/4/2020 y "Tizza", Causa n° 13-04879377-5/1, rta: 8/1/2021.

[20] SCJ de Mendoza "Acuña", causa n° 13-05410680-1/1, rta: 7/12/2021, voto del juez Adaro.

[21] Disponible en: https://www.diariojudicial.com/public/documentos/000/094/860/000094860.pdf

arbitrariedad judicial y destacó que la ley cordobesa preveía capacitación al jurado[22]. Sin embargo, la herramienta de capacitación en esa provincia está realizada para un modelo de juicio escabinado o mixto, por lo que sus regulaciones no pueden ser trasladadas sin reflexión al modelo de jurado clásico. En el jurado mixto, es posible para los jueces influenciar la opinión de los ciudadanos, y la experiencia indica que el grado de autonomía que tienen los legos es una cuestión debatible (Bergoglio, 2019, 148)[23]. Dentro del paradigma paternalista para con las personas que integran el jurado, la capacitación puede ser posible porque se parte de la idea de que el saber lo tienen los técnicos del derecho. No ocurre así en el modelo de jurado clásico, en el que existen fuertes resguardos a la soberanía de la decisión tomada mediante deliberación del jurado y a su función democratizadora en el debate sobre la imposición del castigo (Anitua, 2003; p. 421).

Por otra parte, también hay que considerar la efectividad de los cursos para erradicar estereotipos "resistentes", incluso ante la presencia de evidencia estadística que los refute (Arena, 2022b). Hay sesgos que no pueden ser automáticamente modificados a través de la acción pedagógica ocasional. Pensar que un curso

---

22 En ese sentido, destacó que "la legislación de la provincia argentina de Córdoba (Cfr. art. 51 de la Ley de Córdoba n° 9182) prevé también cursos de capacitación para ciudadanos con el objeto de promover el conocimiento y adecuado cumplimiento de la función judicial de los jurados. La asistencia y aprobación de dichos cursos no constituye un requisito para ejercer la función del jurado, pero sirve para acreditar la idoneidad para cumplirla" (Corte IDH V.R.P. y otros vs. Nicaragua, 2018, párr. 260).

23 Más recientemente, en 2017, el Tribunal Superior de Justicia de Córdoba incorporó, para el sistema de jurados, reglas propias del jurado clásico que generan mejores condiciones para la participación activa de los legos en la toma de decisiones. Estableció la realización de la audiencia de *voir dire*, encargó a los jueces brindar instrucciones al jurado antes de la deliberación y dispuso que el jurado debe deliberar sin la presencia de jueces/zas técnicos/as (Acordada 260, Serie A, 8/5/2017).

aislado puede erradicarlos puede ser una ficción tranquilizadora, pero tiene poca capacidad para lograr un cambio actitudinal.

La búsqueda de un equilibrio parece ser el camino elegido en la ley de la provincia de Catamarca, que distingue qué puede ser objeto de capacitación para jurados y qué para funcionarias/os judiciales: capacitación para ciudadanos/as a fin de promover el conocimiento sobre la función de jurado, y formación en "litigación adversarial ante jurados y perspectiva de género para impartir correctas instrucciones al jurado" para "agentes y funcionarios" (art. 100, ley 5719).

La imposición de formaciones en género a las personas que integran el jurado expresa un prejuicio sobre la participación ciudadana en las decisiones de justicia. La subestimación de las capacidades del pueblo para decidir acerca de los conflictos penales nos remonta a los argumentos que, históricamente, se opusieron a la implementación del sistema de jurados y reforzaron el monopolio de los expertos en la administración de justicia. Poner el acento en la capacitación del jurado es poner el foco en la foto final del proceso, sin reflexionar sobre las etapas previas que brindaron las condiciones de posibilidad para la decisión adoptada por las personas legas. En definitiva, es una posición que ayuda a deslindar de responsabilidad a profesionales del derecho involucrados en el proceso que deben ejercer sus oficios con debida diligencia reforzada a lo largo de todo su desempeño para presentar al jurado un caso sin sesgos de género.

Capítulo II.
Mujeres acusadas frente el jurado

Presentación de los casos estudiados

Los casos que analiza esta investigación son enjuiciamientos a mujeres acusadas, juzgadas por jurados populares. En todos los casos había una relación sexoafectiva o familiar entre acusada y víctima (ya sea de pareja o de una relación de ascendencia). La coincidencia nuclear de todos los juicios es que, en su defensa, las mujeres alegaron que eran víctimas de violencia de género dentro de la relación. El análisis reposa en siete juicios de la provincia de Buenos Aires, uno de Mendoza, uno de Neuquén y uno de Río Negro, todos celebrados dentro del período 2015-2021[24].

Las historias presentadas por defensa y acusación ante el jurado muestran una disputa de sentido respecto a si existía (o no) un contexto de violencia. La competencia entre las partes litigantes fue principalmente acerca de qué relevancia tenía la violencia doméstica en la determinación de los hechos y en el juicio de responsabilidad penal. Con esta finalidad, cada litigante presentó

---

24 Para identificar los casos en los que las defensas de las mujeres acusadas alegaron un contexto de violencia de género, se utilizaron dos vías de información. Para la provincia de Buenos Aires se analizó el periodo 2015-2019 y se contrastaron los listados de juicios realizados provistos por la Suprema Corte provincial con notas periodísticas. Los casos del resto de las provincias fueron identificados a partir de referencias de operadores judiciales y la información disponible en las páginas web oficiales; esta última búsqueda no responde a un periodo de tiempo determinado.

su teoría del caso, acompañada de prueba con fortalezas y debilidades, y una interpretación de los hechos.

Las defensas sostuvieron, ante el jurado, que la situación de violencia era un hecho relevante para resolver el caso, ya sea que plantearan una situación de legítima defensa, atenuantes, una causal de inimputabilidad, o incluso la falta de participación en el hecho. Por su parte, las acusaciones rechazaron el presupuesto fáctico de la violencia o sostuvieron que esa circunstancia fáctica no justificaba el homicidio, aunque en ocasiones aceptaron que lo atenuaba.

Además de la disputa probatoria, los juicios estuvieron atravesados por un debate de valores acerca de lo que la violencia de género es, el rol de operadores policiales y judiciales en la desatención de las víctimas, y la legitimidad del Estado para aplicar una pena en casos de mujeres que —según alegaron— no habían tenido otra alternativa. Desde esta dimensión que pone el acento en la controversia simbólica, los casos muestran la función expresiva de los rituales del juicio oral, con su carga moral y emotiva, en los que la ciudadanía también ejerce un rol como agente moral en el debate público sobre la administración de justicia en los conflictos violentos (Anitua, 2003).

A continuación, se presentan los casos ordenados según la propuesta principal de la defensa. En cada síntesis del caso se relata la teoría del caso de la fiscalía y de la defensa y la decisión adoptada por el jurado. Al final del capítulo se repasan los veredictos dictados por el jurado.

Legítima defensa

María Cristina S.[25]

No estuvo controvertido entre las partes que "el 16 de septiembre de 2014 aproximadamente a las 03.30 horas María Cristina

---

[25] Causa n° 445/2015, registro 3532, Tribunal Oral n° 2 del Departamento Judicial de Azul, provincia de Buenos Aires, fecha de apertura de debate: 22 de agosto de 2017.

S., quien residía junto a su esposo Ricardo H., y mientras este se encontraba en el interior de la segunda habitación del primer piso de la vivienda sita en [...] de Azul, le asestó a éste tres golpes en la zona temporoparietal derecha mediante la utilización de un hacha que tenían en la casa". Algunos temas controvertidos entre la fiscalía y la defensa fueron si la acción e intención que había tenido Cristina se correspondía con el delito de lesiones gravísimas o el homicidio, ya que Ricardo murió meses después. Otra cuestión controvertida fue si los hechos habían ocurrido en un contexto de violencia de género y si se había tratado de una situación de legítima defensa.

Luego de la producción de prueba, la fiscalía consideró que Cristina había sido víctima de agresiones físicas durante la relación de pareja, y disminuyó la gravedad de su acusación inicial, por un homicidio agravado por el vínculo en circunstancias extraordinarias de atenuación. Sostuvo que Cristina había sido víctima de golpes, pero que se trataban de agresiones recíprocas, para lo cual tuvo en cuenta una denuncia que Ricardo le había hecho por hostigamiento y una medida de restricción obtenida en consecuencia. También valoró la existencia de unas cartas que Cristina habría escrito antes del homicidio, en las que anticipaba el crimen, por lo que entendió que había existido premeditación en el homicidio. Finalmente, consideró que, si bien pudo haber una relación asimétrica de poder, no se trataba de una situación de violencia extrema. En cuanto a la aplicación de la causal de justificación, sostuvo que no había habido agresión actual ni inminente porque la víctima estaba durmiendo al momento de recibir el hachazo.

En cambio, la defensa sostuvo que María Cristina S. había sido víctima de violencia doméstica durante 40 años. Hizo hincapié en la necesidad de probar el contexto mediante indicios, ante la dificultad de obtener prueba directa. Señaló que las declaraciones de la hija e hijo del matrimonio eran claras en la existencia del maltrato y sometimiento que Ricardo ejercía sobre Cristina. También rechazó que se hubiera acreditado la fecha y autoría de las cartas y a la vez sostuvo que podía interpretarse de estas un intento de suicidio, y no una premeditación de homicidio. Solicitó la absolución por tratarse de una legítima defensa en contexto de violencia de género y, entre otros planteos subsidiarios, planteó la inimputabilidad.

El veredicto del jurado descartó la hipótesis de homicidio y se pronunció por declarar a la acusada por una calificación intermedia que se le había proporcionado en las instrucciones: culpable del delito de lesiones gravísimas calificadas por el vínculo.

Jennifer Ayelén K.[26]

La acusación afirmó que "el 1° de febrero de 2014, aproximadamente a las 3 am., en el interior de la cocina de la vivienda [...] de la ciudad de Olavarría, Jennifer Ayelén K. le aplicó una puñalada a su padre, Juan Carlos K., a la altura del tórax, con un cuchillo tipo tramontina, provocándole una herida que determinó su muerte".

Jennifer declaró que esa noche comenzó una discusión con su padre, quien empezó a insultarla. Contó que se fue a la cocina y se quedó sola, que el padre fue hasta allí y siguió agrediéndola verbalmente, que ella le contestó, ante lo cual él le pegó una piña en el hombro izquierdo, que ella se corrió, que luego él se le fue encima y ella agarró un cuchillo que estaba en la mesa. También dijo que el papá les pegaba a su mamá y a ella frecuentemente, que una vez le había disparado un tiro a su mamá, que a ella una vez la había dejado con los ojos hinchados. Explicó que muchas veces se habían ido de la casa por la violencia, pero que la mamá siempre volvía.

Las partes establecieron como estipulación probatoria que la muerte fue provocada por la puñalada que efectuó Jennifer Ayelén K. También se consideró probado que, horas después del hecho, Jennifer presentaba un hematoma en el brazo y otro en la pierna. Además, que tanto ella como el padre tenían alcohol en sangre.

---

26 Tribunal en lo Criminal n° 1 del Departamento Judicial de Azul, provincia de Buenos Aires, causa n° 370/2014, fecha de inicio de debate: 25 de agosto de 2015.

La controversia entre la fiscalía y la defensa giró en torno a si los hechos constituían un homicidio intencional o si se trataba de una legítima defensa en contexto de violencia de género. El examen y contraexamen de testigos se centraron principalmente en acreditar o desacreditar estos extremos. Cuando declaró la madre de Jennifer, contó que Juan Carlos se enojaba con su hija cuando no llevaba a la casa plata que obtenía mediante la prostitución y que, cuando su hija tenía 13 años, la había abusado.

El jurado tuvo que decidir entre el homicidio agravado por el vínculo, un exceso en la legítima defensa, o la legítima defensa. Declaró a Jennifer Ayelén K. no culpable del hecho que se le había imputado por haber actuado en legítima defensa en contexto de violencia de género.

Belén A.[27]

Belén y Cristian comenzaron a estar en pareja a los 15 años; tenían un hijo de un año y cinco meses; trabajaban recolectando basura para el reciclaje. Vivían en la provincia de Buenos Aires, en un asentamiento de Florencio Varela, llamado Barrio Luján, en una casilla de chapas. Cuando Belén mató a Cristian, ambos tenían 18 años.

María Belén A. fue acusada por el asesinato de su pareja, Cristian Manuel M. Se dijo que "el 22 de enero de 2014, a medianoche, en las calles [...], en las cercanías de su casa, Belén A., con una media tijera, le hizo una herida cortante en el pecho a su concubino, que horas después lo llevó a su muerte".

La fiscalía sostuvo que había existido una discusión previa, pero que ella no se había defendido de ningún ataque. Que la relación era difícil por el carácter irascible de la acusada. Que ella decidió premeditadamente matar a Cristian en una esquina en la que sabía que había poca luz, con una hoja de tijera que ya tenía preparada y que luego intentó ocultar.

---

[27] Causa n° 820/2015, ante el Tribunal Oral n° 2 de Quilmes, provincia de Buenos Aires, fecha de apertura de debate: 8 de marzo de 2016.

La defensa sostuvo que Belén A. era víctima de violencia de género. Señaló que esa noche hubo un forcejeo entre ambos en un basural, y que la joven encontró ahí la hoja de tijera y la agarró para defenderse de Cristian.

En el juicio, los testimonios de quienes conocían a ambos jóvenes se dividieron en quienes sostuvieron que Cristian era habitualmente golpeado por Belén, y en quienes afirmaron que era él quien ejercía violencia contra ella. También hubo dos testimonios distintos sobre el inicio de la discusión de la pareja ese día. Estas controversias guiaron la principal producción de prueba en juicio.

La acusación pública solicitó un veredicto de culpabilidad por homicidio agravado por el vínculo y, subsidiariamente, la aplicación de circunstancias extraordinarias de atenuación. La defensa sostuvo que se trataba de una legítima defensa, y solicitó un veredicto de no culpabilidad.

El jurado declaró a la acusada culpable por homicidio agravado por el vínculo en circunstancias extraordinarias de atenuación.

Angie R.[28]

Las partes estipularon "que el día 13 de febrero del año 2016 alrededor de las 09:30 h, en el interior de la vivienda propiedad de Matías Oscar A., sita en calle [...] de Florencio Varela, Angie Denise R. A., efectuó dos disparos con arma de fuego —[…] propiedad de Matías Oscar A.—, que impactaron en la humanidad [de él] en la región maxilar y cervical". También pactaron "que ese mismo día la imputada [...] Angie Denise R. A. presentaba una herida de arma de fuego en pie izquierdo al momento de ser aprehendida a las 11:30 hs.".

El fiscal acusó a Angie R. de homicidio en grado de tentativa con el uso de arma de fuego. Sostuvo que efectuó dos disparos

28 Tribunal en lo Criminal n° 5 del Departamento Judicial Quilmes, provincia de Buenos Aires, causa n° 3661, fecha de inicio de debate: 13 de noviembre de 2018.

cuando Oscar estaba en la cocina de su casa: un primer disparo en la nunca de él, estando de espaldas, y otro, cuando ya estaba caído, en la mejilla. Relató que ellos dos se habían conocido en el barrio, cuando Angie trabajaba en un supermercado chino. Surgió una amistad y en algunas ocasiones tuvieron relaciones sexuales. En un momento, ella se ausentó por un tiempo. Cuando volvió al barrio, le comentó a Oscar que había estado ausente porque había estado en pareja, que había formado pareja con una chica, que se habían mudado´a Berazategui. El fiscal dijo que Angie le pedía dinero frecuentemente a Oscar y que nunca se lo devolvía.

También sostuvo que, la noche de 12 de febrero del año 2016, en medio de una lluvia torrencial, bien avanzada la noche, Oscar estaba solo en su casa cuando llegó Angie. Le contó que había tenido una discusión en la casa, que no tenía dónde dormir y le pidió si podía pasar la noche ahí. Oscar le permitió pasar; tomaron un par de cervezas. Intentaron tener relaciones sexuales. Oscar no lograba tener una erección, no obstante, Angie se quedó a dormir, y así pasaron toda la noche. A la mañana siguiente, Oscar se levantó y, cuando estaba en la cocina preparando unos mates, Angie le disparó por la espalda. Él cayó al piso y, cuando logró darse vuelta, Angie le dijo: "Te voy a matar, hijo de puta", y le hizo el segundo disparo, que le impactó en la cara. El hombre logró salir de la casa corriendo y fue a lo de un vecino que vivía enfrente para pedir ayuda.

Por su parte, la defensa sostuvo que Angie disparó porque tenía un motivo: había querido defenderse de un abuso sexual. Explicó que Angie había ido a la casa de Oscar esa noche porque se había peleado con su novia. Tomaron mucho alcohol, intentaron tener relaciones, y él no pudo responder. Oscar tenía un arma desde hacía muchos años arriba de un armario; usó esa arma, primero para seducir a Angie, una especie de juego perverso con un arma de fuego. Y luego, ante la negativa de Angie de tener relaciones sexuales porque iban en contra de su voluntad, de su deseo y de su elección sexual, Oscar le apuntó con el arma y la obligó a desvestirse. Oscar la llevó hasta la habitación y volvió sobre sus pasos; volvió hacia la cocina para apagar la pava que había puesto para el mate. En ese retorno sobre sus pasos, Angie aprovechó y le sacó el arma a Oscar, y disparó. La defensa sostuvo que Angie había actuado en legítima defensa, para repeler un ataque sexual.

El jurado dictó un veredicto de no culpabilidad.

Magalí H.[29]

Magalí H. era policía. Estaba en pareja con Dante B. desde hacía diez años y tenían una hija de un año y un hijo de siete. El 8 de octubre de 2019, Dante salió de la casa que compartían con su camioneta; al poco tiempo regresó. Se escucharon gritos y un disparo, que resultó ser un disparo que Magalí efectuó contra su pareja con su arma reglamentaria, lo que le provocó la muerte minutos después en el hospital.

La fiscalía y la querella presentaron prueba para acreditar que Magalí había disparado a Dante mientras él estaba hablándole desde afuera, por la ventana, frente a ella. Sostuvieron que el homicidio era intencional por esa posición de disparo, su conocimiento en el uso de armas, y porque, luego de haberlo llevado al hospital, se había ido sin consultar por su estado de salud. Además, se presentaron comunicaciones entre ambos, de las que infirieron que ella era agresiva con Dante. Por estos motivos acusaron por el delito de homicidio doblemente agravado por el vínculo y por el uso de arma de fuego.

La defensa presentó un relato alternativo, por el que sostuvo que Dante había agredido previamente a la acusada y que, luego de ese incidente, Magalí extrajo su arma, pero con el fin de asustarlo y de que se fuera, y que el proyectil había rebotado en una ventana e impactado en el cuerpo de Dante.

---

29 Legajo n° 369637/2019, Cutral Co, provincia de Neuquén, fecha de apertura de debate: 5 de abril de 2021.

Contó que ese día ella había salido temprano de su casa para llevar a su hijo a la escuela. Dante se había quedado durmiendo en la casa con la hija menor. Magalí le había pedido a Dante que calentara la comida, para que ella llegara a darles de comer a los nenes. Cuando llegó a la casa, Dante no había calentado la comida, lo cual fue motivo de enojo entre la pareja. Magalí calentó la comida y se sentó a darle de comer a su hija de espaldas a Dante. En ese momento, Dante le pegó una piña en la nuca a Magalí, y fue entonces cuando comenzó la agresión física. Luego Dante tomó las llaves de la casa, se fue con su hijo más grande en su camioneta, pero antes forcejeó con Magalí para llevarse también a la nena, aunque no lo logró. Pasaron solo unos minutos cuando Magalí escuchó volver a Dante en la camioneta, con claras intenciones de entrar a la casa y seguir agrediéndola. Con desesperación y con mucho miedo, para que no entrara (porque él tenía llaves de la casa), Magalí tomó su arma reglamentaria, lo único que tenía a mano para defenderse, y fue hacia la ventana más lejana a la puerta de ingreso a la casa. Desde allí, y sin tener una visión de la puerta que insistentemente trataba abrir Dante, abrió la ventana y realizó un disparo intimidatorio, para que se fuera y no ingresara a la casa a agredirla.

La defensa planteó que Magalí no quiso matar a Dante, que disparó para detener al agresor, pero que no fue un disparo directo a su cuerpo. Presentó prueba pericial con la que buscó demostrar que ese disparo había impactado en la reja de la ventana de la cocina, se había fragmentado y se produjo un doble desvío de su trayectoria. Una de las partes del proyectil fragmentado impactó en el cuerpo de Dante y le provocaron la muerte minutos más tarde. También sostuvo la defensa que Magalí era víctima de violencia en esa pareja, y enumeró pruebas circunstanciales que daban cuenta de distintos episodios en los que testigos la habían visto con marcas de golpes en el cuerpo. Resaltó también que dos profesionales en psicología que la habían entrevistado habían coincidido en indicar que había sido víctima de violencia por parte de su pareja y en su trayectoria vital, y que había naturalizado la violencia.

En los alegatos finales, la defensa insistió en que el caso debía ser analizado con perspectiva de género, y criticó la actuación fiscal por la falta de esta perspectiva al haber descartado, durante la investigación, pruebas que indicaban que las hipótesis que explicaran lo sucedido podían ser otras. Finalmente, propuso al jurado que Magalí fuera acusada por un delito atenuado o justificado, es decir, por el homicidio culposo, y/o por un homicidio en legítima defensa, en el contexto de violencia de género, y/o por un exceso de legítima defensa.

El jurado dictó un veredicto de culpabilidad por el delito de homicidio culposo.

Claudia Jaquelina C.[30]

Claudia Jaquelina C. fue acusada de matar de una puñalada en la aorta a su esposo, Carlos Ernesto P., de 48 años, el 28 de junio de 2018, en la vivienda en la que residía el matrimonio. En el juicio se produjo prueba sobre la violencia constante que ella sufría desde hacía 30 años, al punto que la fiscalía reconoció ese contexto en los alegatos de clausura.

Claudia Jaquelina contó que ese día su marido había llegado borracho y drogado a la casa, y había intentado abusar de ella sexualmente. Frente a esta agresión, se defendió como pudo: tomó un cuchillo que había quedado en la mesa de luz, y lo apuñaló. Se determinó que luego ella había eliminado pruebas, limpiado las manchas de sangre del cuerpo, lavado el piso con lavandina y llamado al 911, simulando que su marido había tenido un paro cardíaco. En un principio, los investigadores pensaron que había fallecido de muerte natural, pero días después el forense advirtió una pequeña cuchillada debajo de la clavícula, y Claudia fue detenida.

---

30 Causa n° 51675/18, Tribunal Penal Colegiado n° 2, primera circunscripción judicial de Mendoza, audiencias mayo 2019.

En el alegato final, la fiscalía sostuvo que esa noche la agresión de Carlos Ernesto P. "fue la gota que rebasó el vaso" y había hecho a Claudia decir basta, pero que esa situación no justificaba el asesinato: solo atenuaba el crimen. Sostuvo que, en una relación violenta, hay uno que pega y otro que se deja pegar, y que la mujer tenía a disposición políticas públicas donde pedir ayuda. Señaló que hoy en día hay mucha información sobre dónde denunciar, y que ella era responsable de no haberlo hecho. Sobre la legítima defensa, reconoció que había existido una agresión ilegítima porque el hombre quería forzarla a tener relaciones, pero que el medio empleado para defenderse no había sido racional, porque ella tenía a su alcance medios menos lesivos, como empujar, buscar auxilio de sus hijos, romperle una jarra en la cabeza, es decir, manejar la situación como hacía más de 30 años. Solicitó al jurado la condena por homicidio atenuado por circunstancias extraordinarias de atenuación.

Por su parte, la defensa sostuvo que el caso había que analizarlo con perspectiva de género, y que Claudia Jaquelina se había defendido como había podido. Destacó las agresiones psicológicas que su pareja le hacía continuamente, los cachetazos, los tirones de pelo, y luego la violación. Señaló que ella, al principio, le ponía excusas cuando llegaba alcoholizado y drogado; a veces él se conformaba y otras no, y la violaba igual. Esa noche ella sintió que era distinto, que la amenaza era real, y se defendió. Destacó que, para defenderse, Claudia había usado un tramontina chico que estaba a su alcance, y que le había dado un único puntazo, y no diez puñaladas. Solicitó al jurado la absolución por legítima defensa en contexto de violencia de género.

Claudia C. tenía cáncer cuando se realizó el juicio, y su grave estado de salud era notorio. En las palabras finales, dijo que había tenido la oportunidad de no ir a juicio pero que fue por sus hijos: "Ellos me pidieron que diga la verdad después de tantos años de callar. Sé que lo maté, no lo niego, pero me defendí. No lo quise matar y estoy muy arrepentida por mis hijos. Los golpes existieron; no me dieron el cáncer, pero hubieron un montón de palizas. Vine acá por tantas mujeres que hoy están muertas por no haberse defendido".

Tras horas de deliberación, el jurado quedó estancado. La fiscalía anunció que retiraba la acusación, y Claudia Jaquelina C. fue absuelta.

Inimputabilidad

Analía C.[31]

Las partes establecieron como estipulación probatoria que "el día 4 de enero de 2016, siendo aproximadamente las 23:00 h, Alfredo Roberto S. en compañía de su amante María Luján A., que se movilizaba a bordo de un vehículo Volkswagen Voyage [...], se detuvieron detrás de un monolito de la Ruta Provincial 226 del Partido de Bolívar y comenzaron a mantener relaciones sexuales, siendo observado esto por su cónyuge [...] Analía Beatriz C. quien, portando un arma de fuego de uso civil, consistente en una pistola semiautomática [...], cargada con al menos tres cartuchos, sin contar con la debida autorización legal para ello, le efectuó un disparo al mencionado Alfredo Roberto S., ocasionándole la muerte en virtud de un fallo neurológico agudo por destrucción de masa encefálica [...], efectuándole también un disparo con esa arma a María Luján A., que le impactó en el maxilar superior izquierdo, provocándole heridas de carácter graves consistente en edema perilesional, hematoma bipalpebral izquierdo y epitaxis bilateral".

Durante la producción de prueba en el debate, se pudo advertir la gravedad de las múltiples violencias a las que Analía C. había estado expuesta desde los 16 años, cuando comenzó la relación con Alfredo. Violencia física, pero principalmente psicológica y

---

31 Causa n° 697, Tribunal Oral en lo Criminal n° 1 de Azul, provincia de Buenos Aires, fecha de inicio de debate: 11 de diciembre de 2017.

sexual. Además, él tenía relaciones con otras mujeres y le contaba a su esposa de esas circunstancias.

Con relación a lo ocurrido ese 4 de abril, Analía declaró que estaban en el auto con su esposo y, de pronto, él paró el auto y la forzó a subir al baúl para que viera lo que le hacía a María Aragón, con quien venía teniendo relaciones en los últimos días. Por declaraciones de distintos testigos, se pudo conocer que, luego de que Analía C. disparó, había subido al auto y conducido hacia su casa. Allí comunicó a distintos familiares que había matado a Alfredo. Algunos testigos dijeron que estaba en estado de shock, que lloraba y decía que no quería contar dónde estaban los cuerpos "porque, si Alfredo vivía, la mataba".

Al finalizar al debate, el fiscal consideró que "no se puede tapar el sol con las manos", que el contexto de violencia estaba acreditado y, consecuentemente, modificó la acusación por figuras atenuadas: acusó por el homicidio agravado por el vínculo y por el uso de arma en estado de emoción violenta en relación con Alfredo, por homicidio simple agravado por el uso de arma de fuego en grado de tentativa respecto de María Aragón —además, imputó por la tenencia de arma de fuego sin autorización legal—. Subsidiariamente, presentó la posibilidad de condenar a la acusada por homicidio agravado por el vínculo, mediando circunstancias de atenuación y, respecto de la agresión a María Aragón, lesiones graves agravadas por el uso de arma de fuego.

En cambio, la defensa sostuvo que Analía C. había actuado bajo un supuesto de inimputabilidad. En este sentido, señaló que Alfredo había obligado a entrar al baúl a su esposa para que observara cómo tenía relaciones con su excuñada, como un acto más de humillación a los que él habitualmente la sometía. Además, hizo hincapié en los efectos psíquicos de la violencia crónica, que generaron un "colapso psíquico" en el momento de los hechos.

El jurado adoptó un veredicto de no culpabilidad por inimputabilidad.

Nélida B.[32]

Nélida Beatriz B. y Mario Rubén M. estaban casados; mantuvieron una relación de convivencia por más de 35 años y tenían seis hijos en común. Vivían en el establecimiento rural Palo Verde, en Tedín, Uriburu, en la provincia de Buenos aires.

Nélida fue acusada por el homicidio de Mario, que ocurrió durante las últimas horas del día 6 de septiembre de 2015 y las primeras horas del día siguiente. La fiscalía sostuvo que le efectuó un disparo con una carabina, que impactó en la región blanda del cuello, y produjo su muerte. El disparo lo ejecutó mientras su pareja dormía. La acusación también indicó que había sido una decisión premeditada y planeada por parte de Nélida B. Señaló que la planificación había sido a tal punto que, luego de acaecido el homicidio, modificó la escena del crimen. Concretamente, sacó el cuerpo al exterior de la vivienda y simuló un accidente o un suicidio.

Quedó probado en el juicio que, desde la casa de Nélida B., se había realizado un llamado a otros familiares y luego a la policía, donde se manifestaba que había ocurrido un accidente con arma de fuego. Con la intervención de la policía científica y luego con la realización de la autopsia, comenzaron a surgir dudas respecto del modo en que se había producido la muerte de Mario. En efecto, la hija menor, que estaba esa noche en la casa, declaró en juicio que el padre había llegado de una doma de caballos, la madre lo había esperado, le había dado la comida, y luego él se había ido a dormir. Ella se fue a la casa contigua (la casa del patrón) a escuchar música, como solía hacerlo cuando estaba aburrida, y para no escuchar las peleas de su mamá y papá. Cuando estaba volviendo a su casa, escuchó el disparo, entró y vio a su mamá, que le dijo: "Ya está, ya lo hice".

La fiscalía sostuvo que los dichos de Nélida B. a su hija eran la pauta de que el crimen no era una situación que había surgido

---

32 Causa n° 277/2016, Tribunal en lo Criminal n° 2 de Azul, provincia de Buenos Aires, fecha de inicio de debate: 11 de junio de 2017.

del momento, sino que lo tenía planificado. Tomó el arma, que sabía manipular porque los hijos le habían enseñado, y le disparó. Luego le pidió a su hija que la ayudara a cambiar la escena, mover el cuerpo y mentir a la policía. Acusó a Nélida B. por el delito de homicidio agravado por el vínculo.

Por su parte, la defensa sostuvo que Nélida B. había estado inmersa durante largo tiempo en una situación de violencia psicológica, amenazada de muerte y en situación de servidumbre. Indicó que ellos ya no dormían juntos, sino que él dormía en una cama individual y ella dormía junto a su hija en la cama matrimonial. Destacó los testimonios de dos hijas, que relataron que habían sido víctimas de abuso sexual por parte de su padre, y consideró que Nélida dormía con su hija menor para protegerla. En el alegato final, señaló que la mujer había obrado con un margen muy acotado de autodeterminación porque tenía personalidad esquizoide y deterioro cognitivo, y durante años había sufrido trato cruel por parte de la pareja. Solicitó al jurado un veredicto de no culpabilidad. Subsidiariamente, solicitó que, en caso de declararla culpable, determinara que no eran pareja, porque estaban separados desde hacía tiempo; dormían separados, y el vínculo estaba desgastado. En caso de que se considerara que eran pareja, solicitó que se tuviera en cuenta que habían mediado circunstancias extraordinarias de atenuación por la situación de violencia.

El jurado dictó un veredicto de culpabilidad por homicidio agravado por el vínculo en circunstancias extraordinarias de atenuación.

Emoción violenta

Raquel B.[33]

El 3 de enero de 2017, en Colonia San José (Bahía Blanca), Zulma S. denunció ante la policía que su hermano Pedro estaba

---

[33] Causa n° 1663/2017, Tribunal Oral n° 2 de Bahía Blanca, provincia de Buenos Aires, fecha de inicio de debate: 12 de diciembre de 2018.

desaparecido. Luego de algunas investigaciones entre vecinos, la policía entrevistó a Raquel B., y ella confesó el crimen. Declaró que había matado a Pedro y que estaba enterrado en el fondo de su casa. Tras la excavación, encontraron el cuerpo atado de pies y manos, y con una bolsa puesta en la cabeza. La pericia indicó que la mecánica de la muerte había sido asfixia mecánica.

Raquel B. fue acusada de haber matado a Pedro S. El fiscal sostuvo que ella y Pedro eran pareja. Consideró que, luego de la producción de prueba en juicio, se habían acreditado el vínculo y el móvil del crimen. Señaló que distintos testigos habían confirmado la relación de pareja. Además, mostró indicios que probaban que la motivación de Raquel había sido robar dinero a la víctima. Adelantó que no correspondía aplicar ningún tipo de eximente, como solicitaba la defensa. Si bien no refutó la prueba que se había producido en juicio respecto de la historia de vida de Raquel, consideró que hechos ocurridos hacía 15 años no podían eximir el homicidio.

Por su parte, la defensa sostuvo que Raquel y Pedro no eran pareja. Se conocían, había alguna amistad, pero no eran pareja. Consideró que la prueba tampoco acreditaba la existencia ni la desaparición del dinero que el fiscal consideraba que Raquel habría robado. Propuso que la motivación del crimen se vinculaba con la historia de vida de Raquel, de la que se había acreditado que había sido víctima de violencia de género desde pequeña y durante la adultez. En su familia de origen, fue forzada a dar a dos hijos en adopción y, a los 23 años, la madre la obligó a ligarse las trompas. Tenía una hija, que había sido violada a los 15 años por una pareja suya que, además, era alcohólica. Como consecuencia de este abuso, Raquel fue separada de su hija, y el responsable no fue sancionado. Luego de varios años y de mucho esfuerzo, pudo recuperar a su hija, que había sido institucionalizada. Respecto del hecho en particular, la defensa señaló que, el día del crimen, Pedro se presentó en la casa de Raquel borracho, insistiendo en que quería tener relaciones con ella. En esa persistencia la amenazó con que, si Raquel no quería tener hijos con él, este los iba a tener con su hija o con su nieta. La amenaza significó un estallido para la mujer por la significancia que tenía en su historia vital. La defensa solicitó un veredicto de culpabilidad por homicidio simple en estado de emoción violenta.

El jurado emitió su veredicto de culpabilidad en esos términos.

No participación

Marta V.[34]

El sábado 23 de junio de 2019, Marta V. y su pareja Fernando H. llegaron a una reunión, donde compartieron un asado con dos hombres y una mujer, y tomaron varias bebidas alcohólicas. Después de haber bebido, uno de ellos se sintió cansado y se fue a dormir al auto. En el interior de la casa quedaron Monsalve y su pareja, Marta V. y Fernando H. Fernando fue apuñalado y murió al día siguiente por la grave hemorragia que sufrió.

Monsalve y su pareja dijeron haber visto el momento en que Marta V. apuñaló a Fernando. La fiscalía señaló que Fernando H., en un momento, se había desplomado sobre las faldas de Marta V. totalmente ebrio, y que ella le había propinado varias patadas en el suelo y después le había aplicado un puntazo mortal con un cuchillo en su mano derecha, en el hemitórax izquierdo. Acusó a la mujer por el delito de homicidio agravado por el vínculo.

En el juicio, la acusada señaló que había sido Monsalve quien agredió a su pareja. Declaró que todo había ocurrido mientras los hombres presentes en la reunión planificaban un robo. Según Marta V., ella reprendió a su pareja por la intención de delinquir. Esto dio pie a que Monsalve comenzara a burlar a Fernando. Momentos después, mientras su pareja se dirigía al

---

[34] Legajo n° MPF-BA-03300-2019, Foro de Jueces Penales de la Tercera Circunscripción Judicial de Bariloche, Río Negro, fecha de inicio de debate: 2 de marzo de 2020.

baño, Monsalve lo abrazó y le asestó la puñalada en el tórax y, cuando ella quiso intervenir en defensa de su pareja, el hombre la golpeó en el rostro.

La defensa cuestionó la instrucción policial y fiscal sesgada desde el inicio. Desde el arribo del personal al lugar de los hechos, solo orientó su investigación sobre la base de las declaraciones espontáneas de Monsalve y su pareja, que también podían ser personas sospechosas del hecho, y señalaron a Marta V. como la autora del crimen. Además, cuestionó las fallas en la investigación como, por ejemplo, que solo se habían secuestrado las ropas de ella, y no de las otras tres personas; la falta de fotografía de las manos de todos los presentes, ya que el autor debió de haber tenido manchas de sangre. Tampoco se fotografió la cara de Marta V., que presentaba lesiones, ni practicaron un test de alcoholemia a nadie. Además, la defensa mostró las contradicciones en el planteo de la acusación. Las manchas de sangre que había en el piso y en el pantalón de la acusada, según los peritos de la fiscalía, no coincidían con la forma en que los testigos habían dicho que Marta V. había acuchillado a su pareja.

Por otra parte, señaló que Marta V. era víctima de violencia de género por parte del fallecido, pero que los testigos no querían declarar en este sentido por temor a represalias por parte de la familia de la víctima. La defensa dijo: "La señora tiene dos problemas: es pobre y es mujer" y dijo que ella no había querido aceptar un juicio abreviado ni un cambio de calificación, porque era inocente y no quería sufrir una pena por algo que no había hecho. Solicitó al jurado la absolución.

El jurado dictó un veredicto de no culpabilidad.

Los veredictos del jurado

Los juicios que integran esta investigación arribaron a cinco veredictos de culpabilidad, cuatro fueron de no culpabilidad, y uno quedó estancado. En los cinco casos en los que el veredicto fue de culpabilidad, el jurado no optó por la teoría principal[35] de la fiscalía, que implicaba mayor pena en expectativa. En ningún caso, el veredicto de culpabilidad fue por una figura que implicara la imposición de una pena perpetua cuando esta opción estuvo disponible[36]. Dentro del grupo de casos que resultaron con condena, en cuatro casos se inclinó por opciones intermedias entre acusación y defensa. En el caso restante, el jurado recogió la opción condenatoria atenuada dada por la propia defensa. Es decir, en acusaciones contra mujeres en contextos de violencia, el jurado se inclina por las decisiones más blandas entre todas las ofrecidas, ya sea por la absolución o por optar por otras soluciones menos severas.

Los estudios empíricos en el ámbito anglosajón y en los modelos europeos sobre las diferencias entre las decisiones de jueces profesionales y jurados suelen indicar que unos y otros coinciden y que, cuando hay diferencias, los legos tienden a decidir con menor severidad[37].

En el ámbito español, con jurado escabinado, un estudio sobre "mujeres que se rebelan contra el tirano de la casa" indagó si el órgano de enjuiciamiento hace una diferencia en el juzgamiento de mujeres que matan a su pareja violenta. Concluyó que el jurado hace una diferencia a favor de las acusadas, al mostrar una actitud más comprensible hacia las mujeres víctimas de violencia y arribar a veredictos más benévolos (Verona Gómez, 2021). La investigación también muestra que, al igual que magistrados/as, el Jurado no aplica el eximente de legítima defensa en esos supuestos, aunque vincula esa limitación a la deficiencia en

35 Aquí se toma en consideración solo el planteo principal de la fiscalía, y no las hipótesis subsidiarias. Asimismo, se considera la acusación presentada en el alegato final del juicio pues, como se verá en algunos casos, la acusación se atemperó luego de la producción de la prueba oral.

36 En seis de los diez casos, la acusación principal de la fiscalía fue homicidio agravado, que habilitaba la imposición de una pena perpetua.

37 Para una breve síntesis, ver Bergoglio, 2019.

las instrucciones brindadas por jueces/as profesionales (Verona Gómez 2021, p. 84). La tendencia de los jurados a ser menos punitivistas con mujeres acusadas en contextos de violencia o de vulnerabilidad también fue identificado en la provincia de Córdoba en el contexto de jurado mixto. Una investigación sobre juicios por infanticidios en esa provincia arrojó que las personas que integran los jurados perciben que las imputadas, más que victimarias, son víctimas de situaciones de abuso sexual, violencia o precariedad, por lo que emiten sus votos de manera más benigna (Gastiazoro, 2019). La comparación de los datos realizada por esa investigación muestra que el porcentaje de absoluciones es mayor en los casos de infanticidios con relación al resto de casos por otros delitos. Además, señala que, en esos juicios, los jurados tienden a considerar la absolución de la imputada, aportando una solución diferente a la presentada por los jueces técnicos (Gastiazoro, 2019).

En modelos de jurados clásicos, la comparación entre la decisión de jueces/zas profesionales y legos/as es más compleja. Requiere encuestar la "tasa de coincidencia" con una muestra de casos (Romano, Porterie, y Hans, 2021; p. 57) integrada por una cantidad mayor que los incluidos en esta investigación. Aun con esos recaudos, es llamativa la tendencia del jurado a acudir a las decisiones menos severas en los casos analizados. Este comportamiento se inserta en un contexto en el que (al menos para la provincia de Buenos Aires) los análisis muestran que la implementación del jurado no implicó un endurecimiento de los castigos[38].

[38] En 2011, antes de la implementación del jurado, el porcentaje general de condenas decididas por jueces profesionales era de un 80 % (Porterie y Romano, 2018). En cambio, en el periodo 2015-2019, en el marco de procedimientos por jurados, el porcentaje de veredictos de culpabilidad fue del 67,18 % (215 juicios), frente al 32,81 % de veredictos de no culpabilidad (105 juicios) —se excluyen pronunciamientos mixtos y desistimiento de la acusación— (González 2023, p. 247).

Capítulo III.
La composición del jurado y el uso de recusaciones

La integración del jurado está directamente vinculada con la garantía de imparcialidad. Para guiar el camino a un veredicto imparcial, un elemento central es que el panel de jurados sea extraído de una base que sea un conjunto representativo de la sociedad (Nicora, 2014a). La integración de candidatos/as titulares y suplentes que represente "un equitativo corte transversal de la sociedad" (Nicora, 2014a) se llama "representación cruzada" y debería asegurarse como requisito de validez (Piqué y Fernández Valle, 2020). La representatividad del jurado es un derecho de la persona acusada y un derecho cívico para potenciales jurados a participar en ese rol.

En algunas leyes de provincias argentinas, se realizaron indicaciones normativas para reforzar la representatividad del jurado. Neuquén y Río Negro establecieron que "se tratará de que, como mínimo, la mitad del jurado pertenezca al mismo entorno social y cultural del imputado. Se tratará también, en lo posible, que en el panel de jurados haya personas mayores, adultas y jóvenes" (ley de Neuquén n° 2784, art. 198, inc. 6; ley de Río Negro n° 5020, art. 193, inc. 6). Este tipo de regulación habilita la conformación del "jurado indígena" para casos en los que integrantes del conflicto pertenezcan a comunidades originarias (Harfuch, Bilinski, y Ortiz, 2017). En este sentido, la provincia de Chaco reforzó aún más el jurado intercultural, al establecer que "cuando se juzgue un hecho en donde el acusado y la víctima pertenezcan al mismo pueblo indígena Qom, Wichi o Mocoví, el panel de doce jurados titulares y suplentes estará obligatoriamente integrado en la mitad por hombres y mujeres de su misma comunidad de pertenencia" (ley n° 2364, art. 4).

La garantía de igualdad indica que debe evitarse la exclusión de potenciales candidatos/as por motivos discriminatorios por razones de sexo, raza, color (Almeida y Bakrokar, 2014). En la jurisprudencia anglosajona, estos tipos de cuestiones fueron ampliamente discutidos porque la integración del jurado, históricamente, excluyó de manera sistemática mujeres y a poblaciones racializadas (Rotenstein y Hans, 2023; Harfuch, 2016; Schiavo, 2016).

Los jurados argentinos tienen como "característica embrionaria" la garantía de participación de las mujeres en el jurado (Kalafatich, 2021, p. 143). Todas las legislaciones provinciales de jurados clásicos establecieron la paridad de género, de manera que la conformación del panel de jurado esté integrada por hombres y mujeres en partes iguales. Además, como consecuencia de los derechos reconocidos en la Ley de Identidad de Género (ley nacional n° 26.743) y la creación del documento de identidad no binario (decreto n° 476/21), algunas reglamentaciones previeron la integración del jurado con personas no binarias. El Tribunal Superior de Justicia de Neuquén adecuó la reglamentación de los sorteos[39], y la Ley de Jurados de CABA (2021) hizo una previsión normativa específica[40].

La regla de paridad supera los debates acerca de la igualdad y diferencia que las mujeres representan en los cuerpos políticos[41]. Sin embargo, es sugestiva la mirada de Kalafatich que indica que la integración equitativa de mujeres y varones en los jurados

---

39 https://www.diariojudicial.com/nota/90785 (última actualización: 27/5/2023).

40 En el art. 13 de la ley 6451, se dispone que "el panel de juradas/os titulares deberá conformarse con un mínimo de 5 mujeres y 5 hombres, no pudiendo superar un máximo de 6 mujeres y 6 hombres", lo que permite, en consecuencia, la incorporación de personas fuera de las categorías binarias de género al jurado, sin decirlo expresamente.

41 Al igual que las argumentaciones a favor del voto femenino, las inclinaciones a favor de la participación de mujeres en el jurado van desde su aporte diferencial por sus experiencias de vida asociadas a la femineidad, y los argumentos que se inclinan en reforzar la igualdad ante la ley entre el hombre y la mujer.

es solo un piso mínimo. Cuestiona "el azar del sorteo como ficción igualadora de la participación". Señala que operan otros mecanismos que inciden en el proceso y pueden generar que la participación popular se concentre en ciertos perfiles homogéneos y hegemónicos: los requisitos normativos que operan como recortes sociodemográficos, las recusaciones o los índices de respuesta a las notificaciones[42] derivadas de los sorteos.

La autora también propone prestar atención a dinámicas que operan excluyendo otras identidades, y a las que les obturan la posibilidad de que todas las voces sean escuchadas en la deliberación (Kalafatich, 2021). La necesidad de generar mejores condiciones para garantizar la deliberación en condiciones de igualdad entre los géneros fue también presentada en otras investigaciones empíricas (Rotenstein y Hans, 2023).

La integración de un jurado es un proceso largo y complejo que comienza por la determinación de la lista base de ciudadanos/as, sigue por la regulación legal sobre requisitos y causales generales de exclusión, la reducción de la base general a una lista transitoria preconstituida y el sorteo de las personas que son efectivamente convocadas como potenciales jurados en un caso determinado (Nicora, 2017). Pero, como el azar del sorteo no es garantía del juicio justo, sobre ese listado se debe "eliminar del jurado a aquellos potenciales miembros que pongan en más serio riesgo el derecho de la parte que representa a tener un juicio justo ante un tribunal competente, independiente e imparcial" (Nicora, 2014b). La exclusión se hace mediante recusaciones en la audiencia del *voir dire*.

Un método que complementa la audiencia de *voir dire* es el interrogatorio preliminar (Nicora, 2014b). Se trata de un cuestionario por escrito que se entrega previamente a la audiencia con preguntas

---

42 Dentro de los problemas en la implementación práctica del jurado en la provincia de Buenos Aires, las investigaciones empíricas señalan los problemas de notificación (Martin, 2020, p. 75; Porterie y Romano, 2018, p. 108), la calidad de la depuración de los listados y las particularidades de cada jurisdicción —las características demográficas, las distancias que abarca la jurisdicción y los déficits del transporte interurbano o inclusive rural— (Porterie y Romano, 2018, p. 108).

sobre distintos tópicos (litigadas entre las partes y decididas por el/la magistrado/a). Luego, ya en la audiencia, se puede implementar un conjunto de técnicas de litigación dirigidas a obtener mayor información sobre candidatos y candidatas a jurado. Se requieren creatividad y entrenamiento para generar en el *voir dire* un espacio favorable para que postulantes se sientan confiados de expresar "aspectos delicados e inapropiados de su propia personalidad como, por ejemplo, un prejuicio racial o cultural" (Nicora, 2017).

Como se indicó anteriormente, la Corte IDH señaló la especial relevancia de esta audiencia para filtrar prejuicios y mitos que puedan influir negativamente[43]. Desde una relectura de la garantía de imparcialidad a la luz de la perspectiva de género, se propone "asegurar que en la audiencia del *voir dire* las partes puedan interrogar ampliamente a potenciales integrantes del jurado para poder excluir a aquellas personas que tengan sesgos y prejuicios contra algún grupo históricamente discriminado al que pertenezcan la víctima o la persona acusada" (Piqué y Fernández Valle, 2020).

La creatividad de las técnicas que pueden utilizarse para generar información de calidad pudo observarse en una crónica de un juicio por violencia sexual desarrollado en la provincia de Buenos Aires. En este caso, la fiscalía usó muñecas y muñecos con distinta vestimenta para que el panel comente cuáles creían que eran sus comportamientos; se realizaron preguntas para que las personas convocadas conversen acerca de si puede (o no) existir una violación en una relación de pareja, si puede existir la violación entre personas que se conocen, y acerca de la credibilidad del relato de una víctima que consumió abundante alcohol y drogas, entre otros tópicos (AAJJ, 2022). La fiscal del caso contó que "más allá de las recusaciones, fue claro que todos los jurados se dieron cuenta de cómo y con qué fuerza los estereotipos se transmiten en los procesos de socialización e influyen en nuestros pensamientos y en nuestras tomas de decisiones. Les quedó en total evidencia.

---

[43] Corte IDH, "Caso V.R.P.", *op. cit.*, párr. 245.

Este *voir dire* sirvió para concientizar al jurado y como antídoto muy efectivo para eliminar los estereotipos. Ni con diez cursos en perspectiva de género hubiera salido mejor" (AAJJ, 2022).

Una vez obtenida la información sobre los perfiles de candidatos/as al jurado, las partes hacen uso de las recusaciones con causa y sin esta. Una experiencia que sirve para pensar la garantía de imparcialidad a la luz del mandato de no discriminación es el juicio por el homicidio de George Floyd en Estados Unidos: un afrodescendiente asesinado por un policía blanco a plena luz del día durante una detención. En las crónicas del juicio, Piqué (2021a, 2022) relata que el *voir dire* fue muy diferente a otros procesos en los que se juzgaron hechos de brutalidad policial. El juez evaluó que simpatizar con Black Lives Matter o afirmar que las personas reciben un trato diferente por parte de la policía según su raza no era una razón para quedar excluido/a del jurado, sino que lo más importante era su predisposición para asumir la responsabilidad de juzgar y comprometerse con las reglas del debido proceso. Por estos motivos, el jurado terminó siendo diverso, "ya que la exclusión de una persona por decir que cree que la lucha del Black Lives Matter es justa, impacta desproporcionadamente en los negros y negras y los hace más susceptibles de quedar afuera del jurado en este tipo de casos" (Piqué, 2021a).

El tratamiento del caso por George Floyd nos trae preguntas para los casos donde el género es un factor relevante. ¿Se puede fundar una recusación sobre un/a candidato/a que dice que se adhiere al movimiento "Ni una menos" o al feminismo? Según el criterio fijado en el caso Floyd, la adhesión a este sistema de valores no sería suficiente si no se advierte una inclinación a resolver el caso por fuera de la prueba que se produzca en el juicio. En esa clave puede ser interpretada la Ley de Jurados de la Ciudad de Buenos Aires, que indica que no cualquier opinión sobre el caso es indicador de parcialidad, sino que debe ser una opinión sustancial[44].

---

[44] La norma indica que las recusaciones con causa deben velar por "excluir a aquellos que hubieran manifestado pre-opiniones sustanciales respecto del caso o que tuvieran interés en el resultado del juicio, o sentimientos de afecto u odio hacia las partes o sus letrados/as" (Ley CABA n° 6451, art. 25).

Por otro lado, la creencia de que una persona que apoya la ampliación de los derechos de las mujeres será parcial al juzgar la responsabilidad penal de una mujer acusada de homicidio también refleja una idea equivocada sobre el feminismo (González y Saralegui Ferrante, 2022). Esta perspectiva es errónea porque asume que el feminismo es "antihombres" o, simplemente, la versión opuesta del machismo (Hooks, 2018; p. 21). En realidad, la adhesión al feminismo indica un interés en cuestionar y eliminar los mecanismos de opresión y un compromiso con la erradicación de las desigualdades. Lo que debe evaluarse para justificar una recusación es si esa adhesión puede influir como un sesgo de confirmación al valorar la prueba.

Las audiencias de *voir dire* en casos de mujeres acusadas

Algunos estudios en el ámbito anglosajón sobre el comportamiento del jurado relevan que, en comparación con los hombres, las mujeres juradas muestran mayor simpatía e indulgencia por las víctimas de violencia física que reaccionan ante su agresor y alegan defensa propia (Rotenstein y Hans, 2023). En el caso argentino, la paridad de género obligatoria en la integración del Jurado impulsa a profundizar el análisis sobre las trayectorias vitales que pueden incidir en el análisis del conflicto, más allá del género de las personas.

En los casos analizados en esta investigación, la información sobre los perfiles se obtuvo prioritariamente de los formularios escritos. En la mayoría, el *voir dire* fue solo utilizado por las partes y, en ocasiones, por jueces/zas, para aclarar información volcada en esos interrogatorios escritos. Excepcionalmente, se aprovechó la audiencia para hacer preguntas que permitieran conocer opiniones, prejuicios o perfiles hostiles a las teorías del caso de las partes. Es decir que, en la casi totalidad de los juicios observados, se dio un valor prevalente a los datos generados por un formulario escrito por sobre la oportunidad de generar información mediante técnicas de litigio oral.

En el formulario se preguntó a candidatos/as sobre el sexo; el estado civil; el nivel de estudios; si tenían familiares en fuerzas de seguridad; si practicaban algún culto; si consumían estupefacientes; si habían sido víctimas de delito (o un familiar lo había sido); si habían sido víctimas de violencia familiar o si tenían un familiar cercano en esa situación; cuál era la opinión sobre cómo había actuado el sistema de justicia en esos casos; si habían conocido datos de la causa por medios de comunicación, entre otros. A continuación, se sistematiza cómo se presentaron algunas recusaciones vinculadas a los tópicos de género en los casos estudiados.

La condición de víctima de violencia

En la mayoría de los casos que integran esta investigación, se preguntó si la persona era víctima de violencia de género, o lo había sido en el pasado, o si tenía familiares víctimas de violencia de género. Al tratarse de un aspecto muy sensible, es necesario detenerse en el modo en que se pregunta sobre la experiencia de victimización y, por otro lado, atender a cómo se va a evaluar esa información para el uso de recusaciones.

Con relación al modo en que se pregunta para obtener información de calidad, Valery Hans señala que las personas, cuando están en público, tienden a contestar "lo correcto", aunque no sea exactamente cierto, situación que se incrementa por la percepción que quien responde tiene respecto del nivel social o cultural superior de su interrogador. En este sentido, señala que las personas tienden a ser más reticentes a revelar aspectos de su personalidad cuando su interlocutor está muy por encima (o muy por debajo) respecto de ellas en la escala social (Hans, 1986, citado por Nicora, 2017). Además de estas dificultades para obtener la sinceridad en la respuesta, hay que considerar que contar ante un público desconocido vivencias de violencia de género puede ser revictimizante e inhibir un relato abierto. Una técnica de litigación específica para estas situaciones es convocar a ciertas personas al estrado para que contesten de manera más reservada. Hablar ante gente desconocida que de alguna manera está evaluando aspectos muy personales no parece un espacio amigable para estar predispuesto a contar vivencias de violencia íntima.

En las audiencias a la que esta investigación accedió, hubo mujeres candidatas a jurado que expresaron haber sido víctimas de violencia o tener familiares cercanos que habían vivido situaciones de violencia, aspecto que confirma la prevalencia de la violencia contra las mujeres, incluso sobre un grupo sorteado al azar. La sensibilidad que genera hablar en público sobre estos ítems quedó muy clara en el *voir dire* del juicio a Angie R., cuando una mujer afirmó haber sufrido violencia de género, lloró, se angustió y no pudo seguir hablando ante las preguntas del fiscal. En ese juicio, si bien se hicieron preguntas generales ante paneles de candidatos/as, también se utilizó la técnica de convocar a alguna candidata ante el estrado para preguntarle de manera más reservada. Esta técnica también se utilizó en el caso de Claudia Jaquelina C.

Otro aspecto es cómo se va a evaluar la información sobre victimización para presentar recusaciones o resistirlas. Solo en una de las causas, la fiscalía presentó una recusación con causa porque la persona había afirmado haber sido víctima de violencia. En algunos casos, la fiscalía recusó sin causa a candidatas que habían manifestado esa circunstancia. Las dificultades para acceder a mayores datos sobre cómo habían evaluado las partes esa información impide realizar observaciones concluyentes.

Es razonable que la parte que va a controvertir que existió un contexto de violencia de género quiera excluir estos perfiles, o que la contraparte quiera conservarla, ya que las personas que tuvieron una experiencia propia o cercana de ese tipo podrían tener mayor empatía con la acusada, y sus aportes en la deliberación logren "colaborar para que el resto del jurado pueda examinar el caso y las pruebas bajo otra perspectiva y ponga así en juego otros sentidos" (Romano, Porterie, y Hans, 2021).

El uso de recusaciones sin causas que no requiere a quien la interpone mostrar que la persona tiene un sesgo necesita mayor reflexión en estos casos, porque puede tener el impacto de excluir desproporcionadamente a ciertas mujeres y afectar la regla de la representatividad. La violencia de género es un fenómeno muy extendido, cualquiera sea la edad, la clase social, la pertenencia étnica, por lo que una gran proporción de ellas podría quedar fuera del jurado en casos donde el eje del conflicto que se juzga es la violencia íntima. Si bien la paridad de género obligatoria garantizará siempre la participación femenina en el panel, una mirada desde la interseccionalidad de la discriminación puede agudizar el análisis y evitar que solo ciertos perfiles homogéneos de mujeres integren el jurado.

Para controlar este efecto no deseado, es posible pensar un escenario en el que la contraparte alegue que excluir a mujeres por victimización es un uso discriminatorio de las recusaciones sin causa. La jurisprudencia norteamericana indica que, en casos en los que la contraparte alega discriminación en la interposición de recusaciones sin causa, el/la juez/a puede interrogar al recusante sobre los motivos de la recusación, para determinar si es cierto o no que procede con violación a las reglas (Nicora, 2014b). En las leyes de jurados argentinas, algunas provincias introdujeron la prohibición de discriminación para todas las recusaciones (art. 34 de la ley 14.253, Santa Fe, art. 38 de la ley 7661, Chaco) y otras solo para las recusaciones con causa (art. 338, quáter, inc. 3 del CPPABA; art. 25 de la ley 6451, CABA; art. 38 de la ley 5719, Catamarca; art. 475 de la ley 1851, San Juan). Sin embargo, dada la jerarquía constitucional y convencional del principio de igualdad, nada obsta que la contraparte agraviada presente una objeción en ambos supuestos, y traer la práctica anglosajona a nuestro medio para las recusaciones sin causa.

Por otra parte, la recusación con causa a candidatas que afirman haber sufrido hechos de violencia de género debería exigir un esfuerzo de argumentación para identificar que esa circunstancia genera un riesgo de sesgo sobre la valoración de la prueba en el caso concreto. Con ese fin es conveniente conocer cuáles son las representaciones que tiene la persona sobre el servicio de justicia y sus capacidades de resolver el caso sobre la base de la prueba presentada en juicio[45]. Sobre estos aspectos me refiero en el apartado siguiente.

Las representaciones sobre el servicio de justicia

En varias audiencias observadas se preguntó, a aquellas personas que habían tenido contacto con el sistema de justicia en calidad de víctimas, qué opinión les merecía la actuación del Poder Judicial o de la Policía. La información brindada sobre las representaciones del servicio de justicia no fue utilizada para fundar recusaciones con causa, aunque esta investigación no pudo determinar si fueron valoradas por las partes para recusar sin causa.

El fiscal en el juicio contra Angie R. hizo esa consulta a una candidata que había manifestado haber denunciado violencia de género. Ella respondió que "la justicia dijo que, como no había testigos, no pasaba nada. Yo creo en la justicia. Lo que pasa es que en ese momento, con el tema de la violencia de género, antes se la veía a la mujer que iba se quejaba y nada más...". Otra candidata contó había sido víctima de abuso sexual y que se había dictado una condena de 12 años y también que sus hermanos tenían antecedentes de violencia de género. Fue preguntada por el fiscal cómo se sentía en relación con la justicia y al haber sido convocada a ser jurado. La mujer dijo no saber y, luego de un silencio, rompió en llanto. Por otra parte, un candidato, al ser preguntado sobre cómo se sentía con ser convocado como jurado, dijo que para él era "una decisión pesada" porque, en su familia, su hermano maltrataba a su cuñada y contó: "Yo, de chico, lo veía, era difícil".

45 Por ejemplo, en Río Negro, en un juicio donde se juzgó a una persona por el delito de femicidio, varias mujeres se excusaron de integrar el jurado diciendo que la experiencia de haber sido víctima de violencia o la opinión que tenían sobre el tema les impedía ser imparciales (Berto, 2019).

En el *voir dire* del juicio a Analía C., una candidata dijo que había sido víctima por parte de su esposo hacía 17 años, que había sido golpeada muchos años y que se había divorciado, que había hecho tratamiento con psicólogos y que había quedado sensible. Contó que las denuncias que hizo no habían tenido ningún resultado: "Vio cómo era antes: nunca iban presos... no fuimos amparados nosotros". En este caso, el fiscal preguntó si le merecía una opinión positiva o negativa la política pública sobre la violencia familiar o de género, lo cual generó una incidencia que fue litigada por las partes ante el estrado del juez. El magistrado resolvió no hacer lugar a la pregunta por estar realizada en forma genérica.

En muchos de los juicios que integran esta investigación, una línea de confrontación entre defensa y fiscalía fue si habían sido suficientes las políticas públicas de prevención de la violencia de género para que las mujeres pudieran pedir ayuda antes de cometer el homicidio. En este análisis, parece ser un dato relevante para evaluar recusaciones conocer si las/los juradas/os pueden comprender por experiencia propia las dificultades para el acceso a la Justicia.

Los prejuicios de género

Es tarea de litigantes detectar cuáles pueden ser las ideas preconcebidas que circulan en la sociedad que pueden afectar la mirada sobre su caso y preparar, en consecuencia, mecanismos para identificar prejuicios de género de potenciales jurados/as. En casos donde uno de los presupuestos fácticos es la existencia de violencia de género, los mitos sobre las dinámicas de la violencia íntima, sobre la violación, o sobre cómo deben comportarse las víctimas para ser creíbles pueden tener un impacto perjudicial si no son detectados oportunamente.

En la audiencia de *voir dire* para el juicio de Magalí H., la fiscalía preguntó si alguien había cooperado en una asociación que tuviera como objetivo la protección de la mujer o de una organización feminista. También preguntó quiénes tenían un cuidado compartido de los hijos, quiénes creían que hay una relación desigual entre el hombre y la mujer, quiénes creían que el sostén económico debe estar a cargo del hombre, o quiénes consideran que los problemas de violencia familiar deben ser resueltos dentro de la familia, entre otros ítems similares. La defensa preguntó, además, si creían que existen hombres que padecen violencia de género, si alguien conocía la diferencia entre violencia y violencia de género, o si alguien creía que hace falta una ley que proteja a los hombres de la violencia. Todas estas preguntas estaban vinculadas con que Magalí era policía y salía a trabajar mientras que su pareja estaba desocupada, y con que en el juicio también se discutía si ella era víctima de violencia, o ella era quien agredía a su pareja.

En el caso de Angie R. (acusada por homicidio contra un vecino que habría intentado abusar de ella), la circunstancia clave del caso era que Angie era lesbiana, lo cual era un dato que podía operar en contra de la credibilidad de su relato porque la noche anterior había aceptado dormir con el vecino. La fiscalía preguntó al panel qué pensaban sobre la amistad entre el hombre y la mujer con diferencia de edad. También preguntó si pensaban que era difícil establecer la verdad cuando algo pasa "entre cuatro paredes".

Por su parte, la defensa trabajó sobre otros prejuicios de género. Preguntó por la opinión sobre la legalización del aborto, la homosexualidad y el matrimonio igualitario. Lo interesante es que fue eligiendo a quiénes hacer preguntas y propició el intercambio de ideas entre las personas. Es decir, evitó preguntas generales, que habilitaran al panel cierta insinceridad en la respuesta. Preguntó primero quiénes tenían hijos/as y, a aquellos/as que contestaron afirmativamente, les preguntó cuál sería su reacción si se enteraban de que tenían una relación con una persona del mismo sexo. Estas preguntas abrieron un diálogo acerca de los prejuicios, las dificultades de aceptar los cambios de la sociedad, la predisposición a acompañar esos cambios que las generaciones más jóvenes traían, los límites que como adultos querían poner, entre otros tópicos.

Al momento de realizar recusaciones con causa, la defensa recusó a una candidata que había expresado: "Dios mandó hombre y mujer, pero la decisión es de la persona. Uno respeta porque la decisión es de cada uno. Igual, en la Iglesia hay gente que es lesbiana; no la discriminamos, la recibimos y le enseñamos lo que la palabra de Dios dice. La decisión es de ella si quiere seguir eso o quiere cambiar su decisión de vida". El abogado dijo que ella había expresado que la homosexualidad se desvía de los mandatos de la Biblia y que, por sus creencias religiosas, se conformaba un prejuicio negativo respecto de la acusada, que había elegido hacer pareja con personas del mismo sexo. Alegó que, en su teoría del caso, el relato del hecho tenía que ver con la homosexualidad. El juez no hizo lugar a la recusación; manifestó que la candidata había sido clara cuando se había referido a que en el templo se recibía personas homosexuales, por lo que no advertía una inclinación particular que la tornara parcial y que, a pesar de su edad, ella era bastante abierta.

En otros casos, los prejuicios o mitos sobre la violencia fueron introducidos por litigantes, y solo en algunas ocasiones fue objetado por la contraparte o mereció una observación de oficio por parte del/de la juez/a o del/de la técnico/a.

Por ejemplo, en el caso de Belén A., la teoría del caso de la fiscalía era que ella era violenta con el papá de su hija, y que una noche lo había matado. En el *voir dire,* el fiscal afirmó que, según la ley, la violencia de género es la violencia entre seres humanos, sea hombre o mujer, y que también un hombre puede ser víctima de violencia de género. Luego de esa introducción dijo: "Yo les pregunto a ustedes, ¿creen que un hombre puede ser víctima de violencia de género?". Es decir, realizó una afirmación y solicitó la confirmación a candidatos/as al jurado. En la sala de audiencias se observó a un fiscal con toda la gestualidad de autoridad que habilita el ritual, diciéndoles a estudiantes, obreras/os, comerciantes, amas de casa, etc., lo que la Ley dice. La defensa consintió. El juez lo permitió al no realizar ninguna observación. De esta manera, se otorgó a los/as convocados/as, un concepto de violencia de género no incluido en el marco normativo que da la ley 26.485, la Convención de Belem do Pará, y la CEDAW[46]. Además, desconoció que la característica central de la violencia de género es la disparidad de poder, que tiene una dimensión política y social que refuerza la impunidad, y que, por ese motivo, las víctimas de la violencia de género son mujeres y personas del colectivo LGBTIQ+. La pareja de Belén pudo haber sido víctima de violencia física o psicológica, pero otras consideraciones corresponderían hacerse al respecto, ajenas al concepto de violencia de género.

En cambio, en el juicio de Analía C., la defensa se opuso a preguntas de la fiscalía que introducían algún juicio moral sobre el caso. Recordemos que las principales controversias entre las partes en este caso fue en qué contexto Analía había disparado a su esposo y a la amante, y si la violencia de género que ella había padecido durante tantos años atenuaba o exculpaba el homicidio. El fiscal preguntó a las personas del panel "si, en una situación de engaño de la pareja, buscaría ayuda de un psicólogo, de un amigo o de algún pariente", o si "mantendría reserva y buscaría una solución solo", y si alguno de ellos consideraba que "es posible tener más de una relación amorosa o de pareja a la vez". La defensa se opuso, y el juez hizo lugar. No permitió esa línea de preguntas porque la fiscalía estaba generando parcialidad en el jurado, y también porque hacían a la intimidad de los candidatos. Si bien las objeciones no fueron formuladas sobre la base de agravios propios del derecho antidiscriminatorio, en las preguntas

[46] Al respecto, el Comité CEDAW indicó que "la aplicación de nociones preconcebidas y estereotipadas de lo que constituye violencia por razón de género contra la mujer" puede afectar a los derechos a la igualdad ante la ley y a un juicio imparcial y un recurso efectivo. Comité CEDAW (2017). Recomendación General n° 35 sobre la violencia por razón de género contra la mujer, por la que se actualiza la Recomendación General n° 19. CEDAW/C/GC/35. Punto 26.

del fiscal se observan ciertos estereotipos normativos[47] acerca de cómo deben comportarse las mujeres cuando se enteran de una infidelidad de su esposo: las buenas esposas "buscarán ayuda" y las malas esposas "lo mantendrán en reserva y buscarán solución por mano propia".

En el *voir dire* del juicio a Raquel B., la fiscalía preguntó si había alguna persona que estuviera de acuerdo con las corrientes feministas. La defensa se opuso a la pregunta y el juez hizo lugar a la oposición. La decisión judicial parece acertada porque, para fundar una recusación, es necesario mostrar que su cosmovisión le impedirá juzgar sobre la base de la prueba presentada en juicio.

El conocimiento del caso a través de los medios de comunicación

En las audiencias observadas encontramos dos criterios dispares sobre cómo se consideró que candidatos/as conocieran circunstancias del caso por haber leído noticias en los medios. Mientras que en el juicio a Cristina S. se excluyó a un candidato por haber accedido a información por internet, en el juicio a Analía C., esta misma circunstancia no fue considerada un obstáculo para la imparcialidad.

En el juicio a María Cristina S., la defensa se opuso al planteo de la fiscalía, que recusó con causa a quien manifestó haber conocido datos de los hechos juzgados por redes sociales. En este sentido sostuvo que "el solo hecho de acceder a información por redes sociales no afecta la imparcialidad; la afectación a la imparcialidad reclama un estándar muy superior [...]. Estamos en una sociedad mediática, que nos ofrece información incluso

---

[47] Cuando los estereotipos son usados de manera normativa, "tienen la pretensión de establecer los roles que deberían desempeñar [los individuos] o los roles a los cuales no deberían tener acceso los miembros de un grupo" (Arena, 2022a; p. 188). Los estereotipos son normativos o prescriptivos cuando conforman un "guion de identidades" que describen cómo una persona "debe comportarse para adecuarse apropiadamente a las normas asociadas con su membresía a un grupo concreto" (Cook y Cusak, 2010, p. 21).

cuando no la buscamos; no controlamos la información que llega. Si el estándar es que cualquier persona que haya buscado o recibido información del caso supone pérdida de imparcialidad, sería inverificable. Ni siquiera la Corte señala ese estándar. En 'Llerena'[48] amplió el concepto de imparcialidad objetiva, pero no en ese sentido". La jueza hizo lugar a la recusación de la fiscal porque consideró que el candidato había buscado información, lo que violaría la imparcialidad.

En cambio, en el juicio a Analía C., varios/as candidatos/as manifestaron haber buscado información en internet sobre el caso cuando fueron notificados de la citación. A algunos se les preguntó si habían formado opinión al respecto y contestaron negativamente. Con más precisión, un candidato dijo: "No tengo opinión formada; no se sabe si lo que dicen las noticias son verdad o no. Hay que seguir escuchando". En este caso, ni la fiscalía ni la defensa consideraron que el acceso a la información por medios de comunicación o de redes sociales hubiera afectado la imparcialidad, ya que no realizaron recusaciones sobre las personas que se manifestaron en el sentido señalado.

Candidatas con responsabilidades de cuidado

En muchos de los juicios observados, hubo mujeres que solicitaron ser excluidas porque tenían responsabilidades de cuidado y no tenían con quién dejar a sus hijos. Hay audiencias de *voir dire* en las que se pudo observar a bebés pequeños que lloraban o caminaban por toda la sala. En ningún caso, algún hombre expuso que tenía tareas de cuidado que le impedían integrar el

48 Hace referencia al fallo de la Corte Suprema de Justicia de la Nación en el que definió la imparcialidad en el sentido objetivo o institucional "como un "amparo del justiciable cuando este pueda temer la parcialidad del juez por hechos objetivos del procedimiento, sin cuestionar la personalidad, la honorabilidad, ni la labor particular del magistrado que se trate", que protege el mero "temor de parcialidad" (CSJN, "Llerena", Fallos 328:1491, rta. 17/05/05).

jurado. Las razones dadas por las mujeres fueron consideradas por litigantes para solicitar recusaciones.

Situaciones como las mencionadas fueron previstas explícitamente en la Ley de Jurados de la provincia de Santa Fe (ley 14.253, art. 13) mediante el instituto de la dispensa, no de la recusación. El juez puede dispensar al/la postulante a jurado por el estado de salud de algún familiar a cargo, y debe dispensar "a toda persona gestante, en período de lactancia de niñas y niños menores de 24 meses de vida, y que presente evidencia médica de esos hechos, si así lo solicitare".

Futuras investigaciones acerca de los perfiles sociales de quienes participan de los paneles de jurados permitirían identificar, más allá de los requisitos de la ley, quiénes son las personas que "de hecho" pueden integrarlos. Así, se podría conocer si existe algún sesgo discriminatorio por resultado y, particularmente, si los roles de cuidado tienen incidencia en la deselección de personas candidatas a integrar el jurado.

La falta de previsión del costo del cuidado puede incidir como obstáculo informal para la participación de muchas mujeres en calidad de juradas. Esta situación obliga a pensar qué dispositivos de atención a niños/as y/o cálculos en la retribución deberían realizarse para generar compensaciones proporcionales. Al respecto, Kalafatich propone que, en la reglamentación de las remuneraciones por prestar servicio, se tomen en consideración las distintas realidades socioeconómicas, especialmente las tareas de cuidado que cualquier jurado/a pueda tener a nivel familiar (Kalafatich, 2021).

Hallazgos sobre el *voir dire*

En casi la totalidad de las audiencias de *voir dire*, se dio un valor prevalente a la información generada por el formulario escrito que se entrega previamente a candidatos/as, por sobre la oportunidad de obtener más datos mediante técnicas de litigio oral. En este sentido, la audiencia fue una oportunidad perdida para eliminar riesgos de estereotipos de género y otros sesgos en la deliberación final.

Como se señaló, en pocas ocasiones se realizaron preguntas para conocer opiniones de candidatos/as sobre temas que podían indicar prejuicios de género para juzgar el caso, o se habilitó un espacio para intercambiar ideas sobre el matrimonio entre personas del mismo sexo, la legalización del aborto, la distribución de tareas de cuidado equitativa, o la posibilidad de que un varón sea víctima de violencia de género. En la mayoría de los casos, sí se preguntó acerca de la experiencia de haber sido víctima de violencia de género. Las limitaciones en el acceso a cierta información impidieron conocer ampliamente cómo había sido valorada por la defensa y por la fiscalía esa información para presentar sus recusaciones, con causa y sin esta.

Aunque el *voir dire* sirve para identificar sesgos y excluirlos, el análisis de las audiencias permitió observar que en ocasiones son los propios litigantes quienes introducen en sus preguntas representaciones hegemónicas acerca de las dinámicas de la violencia de género. En un caso, la práctica no fue objetada por la contraparte ni limitada por el juez, y en otros casos se declararon inadmisibles líneas de interrogatorios que introducían prejuicios en el jurado.

Con base en las observaciones realizadas, se considera necesario profundizar el análisis sobre cómo las representaciones sociales de los/as candidatos/as a jurado pueden influir en la valoración de la prueba, con el objetivo de sistematizar estándares mínimos que contribuyan al fortalecimiento de la garantía de imparcialidad.

Capítulo IV.
La producción de prueba en el debate

La complejidad que la actividad probatoria tiene en los casos que involucran violencia de género está asociada a la mirada androcéntrica que guía la actividad investigativa cuando no tiene en cuenta las experiencias frecuentes de las mujeres. Adicionalmente, las prácticas de producción de evidencia reproducen estereotipos o generan revictimización (Di Corleto y Piqué, 2017, p. 433). En materia de valoración probatoria, los estándares internacionales de derechos humanos "advierten sobre la necesidad de estar atentos a argumentaciones que justifiquen la violencia de género, porque la conciban como una cuestión 'privada' sin importancia o porque contengan estereotipos sexistas" (Di Corleto y Piqué, 2017, p. 433).

Los riesgos a que se filtren sesgos se deben abordar desde el inicio del proceso y en toda su duración, porque la ausencia de perspectiva de género en la investigación podrá generar efectos sobre el juicio oral muchas veces de manera insuperable. En la etapa de preparación del juicio, la audiencia preliminar es clave para la fijación de pautas que minimicen la revictimización y limiten el ingreso de prueba con altas posibilidades de generar prejuicios indebidos.

En la audiencia se realiza el control de admisibilidad de la prueba que ingresará a juicio que, además, permite estimar el tiempo que llevará el debate. En el caso de juicio por jurados, la audiencia preliminar adquiere una relevancia fundamental porque tiene como objetivo llegar al debate con un caso lo más depurado posible y garantizar que solo se discutan allí cuestiones de hecho, porque el jurado no tiene decisión sobre planteos jurídicos (Alliaud, 2016).

Luego de que las partes presentan su teoría del caso y dan a conocer la información sobre las evidencias que pretenden hacer valer en el debate (*discovery* o descubrimiento), el/la juez/a realiza el control de admisibilidad de la prueba (Alliaud, 2016). Por un lado, evalúa la relevancia lógica, donde examina que exista vinculación del contenido de la evidencia con los hechos a debatir en juicio. Como segundo nivel de análisis, evalúa la pertinencia o relevancia legal, que se vincula con un análisis de costo-beneficio de introducir dicha prueba (Duce, 2020, p. 59). En este análisis, cierta evidencia con valor probatorio puede ser excluida si es elevado el riesgo de producir un prejuicio indebido o generar confusión. La necesidad del sistema de jurados de que el debate esté lo más pulido posible (Alliaud, 2016) empuja a un rol más proactivo del/de la juez/a en esta instancia. En los casos que involucran temas de género, su rol de garante de la tutela judicial incluye evitar el trato revictimizante y el ingreso de prueba de baja calidad que genere prejuicios en el jurado.

Una buena práctica sobre control de la prueba con perspectiva de género en la etapa preparatoria del juicio se desarrolló en el proceso conocido como "el caso del Camping del Durazno". Allí se juzgó una presunta violación grupal contra una joven. El juez del Tribunal en lo Criminal n° 3 de Mar del Plata[49] rechazó testimonios propuestos por la defensa, que tenían como finalidad acreditar "el estilo de vida" de uno de los imputados por considerar que ese presupuesto fáctico era impertinente para el juicio de responsabilidad. Por otra parte, admitió la prueba solicitada por la fiscalía vinculada a la declaración de una psicóloga y sexóloga, y de una antropóloga especializada en género, a fin de brindar al jurado conceptos científicos sobre madurez sexual y capacidad del consentimiento pertinentes, por las definiciones legales de la violación (art. 119, CP). Finalmente, fijó pautas de producción

[49] Causa n° 7337, resoluciones del 29/12/2020 y del 24/2/2021.

para prueba en juicio, para lo cual vedó el ingreso de información vinculada a aspectos de la vida íntima de la víctima (con cita normativa en el art. 83, inc. 4 CPP; el art. 7 de la Convención de Belém do Pará, Recomendación 19 CEDAW; y el art. 3 de la Convención sobre los Derechos del Niño)[50].

Si bien en la audiencia preliminar el/la juez/a puede fijar pautas sobre tipos de preguntas que estarán prohibidas en el debate, pueden producirse durante el juicio incidencias vinculadas a la prueba, ya sea de admisibilidad, o por el modo en que se conduce el examen y contraexamen de testigos (Vargas, 2022). Las partes tienen como herramienta, para evitar ese perjuicio, el uso de objeciones, "que tienden a evitar la producción o desarrollo de una producción de prueba, ya sea porque se ve afectado un derecho, se viola una regla procesal o se pretende colocar información de mala calidad o defectuosa" (Godino, 2022, p. 132). La regla es que el jurado se mantenga ajeno a lo que se debate en la incidencia (Vargas, 2022), por lo que, si la incidencia requiere cierto contradictorio, el/la juez/a puede llamar a las partes al estrado para mantener en reserva el intercambio. También puede hacerlo para reforzar las pautas de litigación, ante la insistencia de una línea de interrogación defectuosa.

Si, a pesar de la objeción, la información impugnada ingresa al debate, puede realizar "instrucciones curativas", "que informen al jurado determinadas prohibiciones de valoración en función del conocimiento que tuvieron sobre información indebida" (Schiavo, 2016; p. 514). Sin embargo, el uso de objeciones y las instrucciones curativas pueden ser insuficientes frente a cierta

[50] Este juicio terminó con un veredicto absolutorio. Ante el recurso de la querella (cuya admisibilidad está vedada por ley), la Sala III del Tribunal de Casación Penal de la provincia declaró nulo el juicio porque no se había garantizado la presencia del asesor de menores ("Pitman", causa n° 113577, rta: 23/12/2021). Posteriormente, la Suprema Corte de la Provincia de Buenos Aires hizo lugar al recurso extraordinario de inaplicabilidad de ley formulado por la defensa y restableció el veredicto de no culpabilidad del jurado respecto de los acusados ("Pitman", causa P. 137.668-Q, rta: 21/3/2024).

información introducida indebidamente. Por ejemplo, la jurisprudencia comparada es cautelosa en admitir los antecedentes penales de las personas acusadas, situación que puede llevar a la anulación del juicio (Harfuch, 2016, ps. 330 y 337) y, posteriormente, una etapa de recursiva[51].

Hay que reparar que la acusación y la defensa no solo producen prueba, sino que la valoran indirectamente[52] mediante el examen y contraexamen de testigos. También valoran en los alegatos de apertura y de clausura. En estas oportunidades, los prejuicios indebidos pueden limitarse a través de la función del/de la juez/a técnica de tutelar las garantías de debido proceso y la actividad de la contraparte mediante el uso de objeciones.

La Ley de Jurados de la ciudad de Buenos Aires y la de Catamarca incluyen reglas de ética de la abogacía vinculadas al modo en que las partes presentan o valoran la prueba producida en juicio. La norma señala que en los alegatos las partes "solo podrán argumentar [...] en base a la prueba admitida y producida en el juicio oral"; indica que "tienen terminantemente prohibido dar fe por ellas mismas de la credibilidad de los testigos. Tampoco darán sus opiniones sobre el caso, sobre el veredicto o sobre el impacto del veredicto en la sociedad. Tampoco harán comentarios sobre la prueba excluida o no admitida en el juicio, ni podrán alterar la ley

---

[51] En la provincia de Buenos Aires, un juicio por jurados por un hecho de abuso sexual fue anulado tras verificar en Casación que las decisiones de la jueza técnica "antes y durante el juicio, afectaron el derecho constitucional del acusado a un juicio justo e imparcial, en tanto permitieron que la fiscal ejerciera una influencia indebida en los jurados que, con alta probabilidad, generó un prejuicio que condicionó su decisión". La información introducida indebidamente se vinculaba a antecedentes condenatorios del acusado por abuso sexual (Sala I, Tribunal de Casación Penal de la Provincia de Buenos Aires, "Suarez", causa n° 124974, rta: 15/8/2024).

[52] La valoración indirecta se produce en el contraexamen cuando el abogado de la contraparte, más que hacer preguntas sugestivas, lo que intenta hacer es dañar el testimonio de nuestro testigo intentando sacar conclusiones o realizar juicios de valor" (Lorenzo, 2012, p. 229).

o los derechos de las partes que el/a juez/a explicara en las instrucciones, ni intentarán exhortar al Jurado a que decidan el caso por fuera de la ley y/o de la prueba producida en el debate" (Ley CABA 6451, art. 33; en igual sentido art. 67, ley 5719 de Catamarca).

El/La juez/a que preside el juicio tiene una función tuitiva de garantizar que la actividad efectuada por litigantes tenga en consideración estándares de debida diligencia y no discriminación, por lo que tiene que impedir líneas de interrogatorios o alegatos permeados de estereotipos de género o cualquier trato revictimizante. En el caso "Angulo Losada", la Corte IDH hizo notar la utilización de prejuicios de género en las preguntas dirigidas a los/las testigos durante el juicio oral, y responsabilizó a los/las jueces/as por permitirlos[53]. Velar por un juicio con perspectiva de género requerirá, entonces, "que las partes sostengan una teoría del caso libre de preconceptos estigmatizantes hacia las mujeres y que realicen un control probatorio serio, evitando situaciones de (re)victimización en los interrogatorios a víctimas, imputadas y testigos" (Guerrero, 2021).

Cómo se acreditaron los hechos de violencia de género en los casos de mujeres acusadas

En los juicios estudiados, la controversia central sobre los hechos fue el contexto en que ocurrió la agresión contra la víctima y el móvil del homicidio. La discusión jurídica fue si esas circunstancias habilitaban (o no) una causal de justificación, atenuante o declaración de inimputabilidad. Por esta razón, en casi la totalidad de los juicios se hizo uso de estipulaciones probatorias, porque en la mayoría no estuvo controvertida la autoría de los homicidios, ni tampoco algunas circunstancias fácticas sobre el modo en que se

53 Al respecto dijo: "Cabe subrayar que, aunque la mayor parte de dichas preguntas no hayan sido formuladas por autoridades estatales, eran ellas, especialmente las juezas y jueces, responsables por dirigir el proceso y, por tanto, impedir interrogatorios permeados por estereotipos de género. Corte IDH, "Caso Angulo Losada vs. Bolivia", *op. cit.*, párr. 165.

habían ejecutado (con excepción de la defensa de Marta V., que alegó que ella no era la autora del crimen). Las estipulaciones probatorias fueron herramientas para no controvertir la fecha y lugar del homicidio y, ocasionalmente, dar por acreditado el estado físico de la víctima y de la acusada al momento de las primeras intervenciones policiales en la escena del hecho.

La evidencia presentada por las defensas para acreditar la violencia de género consistió en testimonios de familiares, vecinos/as o amistades y profesionales de la psicología o del trabajo social que entrevistaron a la acusada con posterioridad al hecho. En menor medida se presentaron peritos que dieron cuenta de lesiones al momento de la detención, o médicos que se pronunciaron sobre la historia clínica de la mujer. En un solo juicio se hizo uso del testimonio de experto, pero otros profesionales presentados como peritos/as explicaron al jurado conceptos centrales para comprender las dinámicas de la violencia íntima y sus efectos en las víctimas.

La observación de las audiencias que integran esta investigación sugiere que la producción probatoria tuvo más impacto ante el jurado cuando las partes la acompañaron con un relato persuasivo y estructurado sobre los hechos. Tal como indican otras investigaciones, tuvo un peso decisivo la prueba que fue presentada "en el marco de un relato o historia narrativa con protagonistas, motivos, argumentos y trama" (Harfuch, 2016).

En el caso de las defensas, sus planteos fueron más efectivos no solo cuando buscaron acreditar un contexto de violencia, sino que dieron explicaciones específicas sobre las circunstancias que desencadenaron el crimen (una amenaza, un intento de agresión sexual, etc.). Aun así, en algunos juicios es posible decir que, para un observador externo, el contexto de violencia estaba acreditado, pero el jurado se inclinó por determinar que no estaba probado o no era suficiente para excluir la responsabilidad penal.

Por ejemplo, en el juicio a María Cristina S., las múltiples imputaciones y defensas subsidiarias y la cantidad de aspectos controvertidos entre las partes pudo incidir en el veredicto condenatorio final. Pese a que se presentó prueba contextual de la violencia, pudo tener un peso en la decisión del jurado la ausencia de una narración acerca de lo que había ocurrido específicamente la noche del crimen que motivara la necesidad de la acusada de defenderse (sin confrontación) luego de cuarenta años continuos de violencia.

En materia de acreditación del contexto de violencia de género, una dificultad probatoria para las defensas de mujeres acusadas se generó cuando la fiscalía presentó elementos para afirmar que la violencia provenía de parte de la mujer (como ocurrió en los juicios a María Cristina S. Belén A., Marta V. o Magalí H.). Otra dificultad se observó en los casos en los que la violencia preponderante era la psicológica, que carece rasgos más explícitos a la vista de terceros, como la violencia física, y requiere evidenciar los aspectos de dominación en el vínculo.

Algunas de estas debilidades probatorias pudieron ser superadas con la presentación de testimonio experto, un recurso subutilizado en estos casos. Por ejemplo, este tipo de declaración podría brindar herramientas para evaluar si la caracterización de la "violencia recíproca" o el "carácter violento" atribuido a la acusada respondía a un mito de la violencia que resguarda el carácter de víctima solo a aquellas mujeres que no desobedecen al mandato de la pasividad[54]. Del mismo modo, la explicación sobre mecanismos de manipulación y dominación por fuera de la violencia física pueden ser explicitados por este tipo de testimonio.

El testimonio experto en los procesos en los que es controvertida la violencia de género permite "inteligir los sesgos cognitivos" y aportar conocimiento situado (Sánchez, 2019, p. 189). La Corte IDH, en el "Caso V.R.P", destacó la importancia del ofrecimiento de prueba de expertos en juicios por jurados, "dirigidas a brindar información a los jurados sobre las particularidades de los hechos

---

[54] Sobre los estereotipos en la actividad probatoria, ver apartado más adelante.

que se enjuiciarán, a fin de que puedan realizar una valoración de la prueba lo más objetivamente posible"[55].

En el juicio a Cristina S., la defensa trajo frente al jurado a quien era directora del Observatorio de Género de la Defensoría del Pueblo de la Provincia de Buenos Aires. En su declaración pudo explicar el paradigma de la división íntimo/privado que rige en el tratamiento de la violencia doméstica, la naturalización de la violencia de género, la violencia como relación de dominación (y no como un problema individual y subjetivo), los problemas del paradigma de la denuncia como único camino, la ineficacia de las medidas de protección, la incorporación de la perspectiva de género en los organismos del poder judicial. También explicó el concepto de violencia doméstica como tortura y mencionó las recomendaciones que el Comité contra la Tortura había hecho al Estado argentino.

En el resto de los juicios donde se presentaron peritos/as psicólogas/as y licenciados/as en trabajo social para acreditar la violencia o la vulnerabilidad, los/as profesionales también brindaron explicaciones a conceptos centrales para la teoría del caso de la defensa: el círculo de la violencia, la indefensión aprendida, el estrés postraumático, los indicadores de violencia, los tipos de violencia de género, la organización familiar patriarcal, entre otros. En general, mostraron un buen manejo del lenguaje claro, hablándole directamente al jurado y explicando conceptos de su *expertise* mediante ejemplos prácticos y cercanos de la vida cotidiana.

Testimonios de familiares

Entre hijos/as, familiares, vecinos/as o amistades, hubo una confrontación de sentidos acerca de lo que el crimen significa, cuáles fueron sus antecedentes y cómo se dimensiona el daño luego de un homicidio. Sus declaraciones en las audiencias

---

55 Corte IDH, "Caso V.R.P.", *op. cit.*, párr. 265.

estuvieron marcadas por cómo pudieron elaborar el hecho de haber sido víctimas o testigos de la violencia, cómo sobrellevaron la pérdida del fallecido y la privación de la libertad de la acusada (la mayoría de las acusadas llegaron a juicio con prisión preventiva).

En los juicios que integran esta investigación, se observó a hijos/as tomados/as por la dificultad o dolor de contar la violencia. Algunos de los que brindaron testimonio pudieron hacer narraciones con detalle sobre lo que habían vivido desde la infancia, otros no estuvieron en condiciones de identificar con claridad prácticas abusivas por parte de su padre y otros expresaron ambigüedad (por ejemplo, afirmando que "era un padrazo" y al mismo tiempo que "pegaba fuerte" o "dejaba marcas").

Distinta es la situación de familiares que no pertenecían a la familia nuclear. En algunos casos, sus testimonios dieron cuenta de que no habían tenido herramientas para identificar que lo que le sucedía a su amiga, tía, vecina era una situación de violencia. Se escucharon en audiencia pensamientos autocríticos por no haber podido ayudar a tiempo a la mujer, o críticas a la omisión de autoridades estatales de intervenir a tiempo. Hubo declaraciones que manifestaron empatía con el sufrimiento de la mujer acusada y expusieron frente al jurado sus propias experiencias de victimización y la falta de escucha de operadores estatales.

Esa capacidad de reflexión que algunos/as testigos expresaron sobre la violencia fue obstruida en otros testimonios por algunos litigantes cuando dirigieron el examen y el contraexamen. Por ejemplo, en la tesis de ciertas acusaciones, si la familia no intercedió para evitar el maltrato o para ayudar a la mujer, fue porque la violencia no existió. En esa línea hicieron sus interrogatorios, orientados a cuestionar por qué familiares no habían intervenido con anterioridad para impedir la violencia, lo que pareciera culpabilizarlos de lo ocurrido. También muestra un posible punto débil para la estrategia de la defensa, que requiere un desafío probatorio y contraargumentativo: explicar los obstáculos que tienen familiares para hacer cesar la violencia.

Testimonios de peritos/as

La disputa entre las partes acerca de la existencia y alcance de la violencia también se hizo evidente en el examen y contraexamen de peritos/as. En las audiencias quedaron claras las diferencias sustanciales en el modo de trabajo de peritos/as de la defensa y de la fiscalía. Los de la defensa realizaron entrevistas que indagaron especialmente sobre la historia cronológica de vida de las acusadas, los patrones en las relaciones violentas, y señalaron la interseccionalidad de las causas de discriminación y de vulnerabilidad. Los peritajes realizados por profesionales del Ministerio Público Fiscal no brindaron tanto detalle; sin embargo, la mayoría de los resultados que presentaron también hicieron referencia a la existencia de una historia de violencia, aunque les dieran a esos relatos consecuencias distintas que la defensa.

En el juicio de Analía C. pudo verse a la defensa aprovechar el contraexamen de peritos para abonar a su teoría del caso, tras lo que obtuvo un veredicto de no culpabilidad. El psicólogo y psicóloga de la fiscalía consideraron que pudo comprender el hecho y dirigir sus actos, aunque identificaron una "dinámica bastante disfuncional, que podemos calificar como abusiva", o que era "víctima de larga data". La defensa en el contraexamen a la psicóloga obtuvo que Analía había conocido a quien fue su marido a los quince años, y que desde el inicio el vínculo fue violento por celos: violencia verbal y física. También hizo referencia a cómo se fueron agravando los episodios mediante indicadores de orden sexual. Asimismo, expresó que había hecho tres denuncias previas, pero después recibió amenazas y que su reacción era "la aceptación y la sumisión". El perito psicólogo de la defensa ofreció mucho más detalle de esas situaciones de sometimiento, con el relato de episodios concretos, y concluyó que en ese contexto Analía C. perdió su libertad.

En los casos de María Cristina S. y de Nélida B., la disputa entre peritos de partes fue de mayor entidad, aspecto que rindió mejor resultado para la fiscalía, a la luz de los veredictos de culpabilidad en ambos juicios.

En el juicio a María Cristina S., la psicóloga de la fiscalía identificó que la acusada había sido víctima de violencia, pero consideró que ella "no acepta todos los mandatos de su agresión" porque presentaba un actuar independiente y alta autoestima, lo que era atípico. Señaló que, si bien había una situación de dependencia afectiva —la idea de que ese vínculo se mantenga a cualquier precio—, no había sumisión porque ella no quedaba adherida al pensamiento del agresor; no lo justificaba ni lo culpabilizaba, como suele pasar con algunas víctimas. Además, tanto la psicóloga como la psiquiatra consideraron —al contrario de lo sostenido por los/las peritos/as de la defensa— que en el obrar de Cristina no había habido un "pasaje al acto" porque había premeditación y no había perplejidad por el hecho.

La controversia entre distintas posturas de peritos/as fue muy nítida en el juicio a Nélida B. La disputa principal fue respecto a si la acusada tenía una patología en salud mental, aunque también se diferenciaron en el marco teórico desde el cual peritos/as desarrollaron sus observaciones. Mientras que el peritaje de la defensa incorporó aspectos psicosociales para identificar un trastorno esquizoide, el de la fiscalía restringió ese trastorno a la existencia de sintomatología física y, por lo tanto, rechazó la tesis de la inimputabilidad. A pesar de ese escenario de controversia, las partes no profundizaron (durante el examen y contraexamen) sobre la acreditación de peritos/as para brindar elementos al jurado acerca de los procedimientos utilizados por los/las expertos/as para arribar a sus conclusiones.

La psicóloga de la fiscalía dijo que la acusada había referido ser víctima de su marido y observó que ella se adaptaba pasivamente a esas situaciones. Aunque identificó esa situación, concluyó que no detectó patología de pensamiento. Si bien detectó que tenía "personalidad inmadura que la hacía más proclive a ser vulnerable y a tener conductas poco ajustadas", consideró que "dentro de su precariedad pudo comprender y dirigir sus conductas". Por su parte, señaló que "no advirtió una alteración en el estado de conciencia porque la acusada no dio cuenta de síntomas físicos que la corroboren, como podría ser obnubilación de la conciencia", por lo que no halló patología de psicosis.

En cambio, la psicóloga perita de la defensa sostuvo que había un trastorno esquizoide y un deterioro cognitivo mixto (orgánico y social). Sostuvo que este deterioro correspondía a la situación de violencia de género crónico y aislamiento que sufría Nélida B. Explicó que la psiquiatría clásica no puede identificar psicosis cuando no hay sintomatología positiva (voces, sensaciones en el cuerpo, cenestesia, delirio, etc.), porque considera que salud es ausencia de enfermedad. Pero indicó que, con las nuevas lecturas y con la definición de "salud" dada por la Organización Mundial de la Salud, se podía detectar, en este caso en particular, en que Nélida B. tenía un alto el porcentaje de malestar biopsicosocial y era una persona con una sintomatología en el cuerpo. Destacó que el manual de diagnóstico vigente plantea que en estos casos hay un trastorno esquizoide de la personalidad; no puede entablar una conexión ni trasmitir sentimientos.

Cómo se valoró la prueba sobre la violencia de género

Con mayor o menor impacto, la prueba sobre el contexto de violencia de género tuvo alguna incidencia en la resolución del caso, ya fuera valorada por la fiscalía, el jurado o los jueces profesionales que revisaron la graduación de la pena.

En cuatro juicios que integran esta investigación la fiscalía negó que se hubiera probado esta circunstancia fáctica (Angie R., Belén A., Marta V. y Magalí H.). En los seis restantes, la prueba presentada por la defensa sobre la violencia de género fue reconocida por la fiscalía, por lo que atenuó la acusación inicial (María Cristina S., Analía C. y Jaquelina C.) o consideró que esa circunstancia no eximía de responsabilidad (Raquel B., Ayelén Jenifer K. y Nélida B).

En los juicios a María Cristina S., Analía C. y Jaquelina C., la contundencia de la prueba de contexto pareció haber impulsado una modificación en la postura de la fiscalía, que cambió la acusación inicial por una figura más atenuada. En el juicio a María Cristina S., la acusación por homicidio agravado por el vínculo mutó a un homicidio agravado por el vínculo, mediando circunstancias extraordinarias de atenuación. En el juicio a Analía C., la fiscalía atenuó la acusación de homicidio con la figura de la emoción violenta. En este sentido, el fiscal dijo en su alegación final: "Es imposible tapar el sol con las manos. El calvario que sufrió la imputada es algo que todos pudimos reconstruir [...] y determinar que ella fue víctima de violencia durante mucho tiempo. Que es una de esas tantas víctimas que, gracias a Dios, están saliendo a la luz y que el Estado intenta contener, o de resolver, o de proteger de alguna manera". También en el juicio a Jaquelina C., el fiscal reconoció, en su alegato final, los 30 años de sometimiento que sufrió dentro del matrimonio, así como también la agresión ilegítima que ejercía su pareja cuando quería tener relaciones sexuales forzadas.

En el juicio a Raquel B., la fiscalía dio por probada la historia de vida de la acusada, pero consideró que esa experiencia no eximía de responsabilidad penal. En el alegato de clausura, el fiscal dijo que la prueba sobre los hechos traumáticos fue recreada en juicio innecesariamente para su gusto, porque se podría haber evitado que la hija de Raquel hubiera contado los abusos que había sufrido a los 15 años presentando un informe por escrito. Por otra parte, el fiscal rechazó que la víctima de homicidio había acosado sexualmente a Raquel y señaló que la estrategia de la defensa era "juzgar la conducta de quien fue víctima, de quien ya no está entre nosotros" y "trabajar sobre la lástima sobre la imputada, sobre lo mal que la puede haber pasado", y agregó: "Yo eso no lo voy a discutir".

En los juicios a Ayelén Jenifer K. y a Nélida B., la fiscalía reconoció el contexto de violencia, aunque de manera más ambigua o contradictoria y, además, señaló que esa situación no las eximía de la responsabilidad penal. En el alegato de clausura del juicio a Ayelén Jennifer K., el fiscal sostuvo: "Muchas cosas se han escuchado: una dinámica familiar totalmente compleja, y también les dije que este no era un concurso de popularidad; que, seguramente, el señor Kysilka era un mal padre, era un mal esposo, pero eso no íbamos a ver acá. Acá venimos a ver que su hija lo mató, y quería matarlo. Y acá no se pudo probar ninguna causal que lo justifique". En el juicio a Nélida B., la fiscal rechazó la prueba sobre la violencia presentada por la defensa por contradictoria, aunque sostuvo: "Todo lo otro que escuchamos, el relato familiar, la fiscalía entiende que es lo que explica la situación, pero no lo justifica". Señaló que todos los testigos coincidieron en que el matrimonio estaba desgastado, que la acusada era muy fría, y finalmente reconoció que "es cierto que no era el matrimonio ideal, pero el recurso de Nélida B. no era adecuado para resolver los conflictos".

También interesa conocer la valoración realizada por el jurado sobre la prueba del contexto de violencia. El secreto de la deliberación impide conocerla cabalmente. Los casos analizados permiten sostener como hipótesis provisoria que tuvo cierto peso en la decisión final porque el jurado eligió veredictos de culpabilidad atenuados. Como se señaló en el capítulo 2, en los cinco casos donde el jurado dictó veredicto de culpabilidad, no optó por el que contenía el reproche más severo ofrecido por la fiscalía, sino que decidió por delitos menores. En cuatro (María Cristina S., Belén A., Nélida B., Magalí H.), el jurado se inclinó por opciones intermedias entre acusación y defensa. En uno (Raquel B.), por la opción condenatoria atenuada, solicitada por la propia defensa.

Otros cuatro casos resultaron en absoluciones en los términos solicitados por la defensa, que presentó eximentes basadas en la situación de violencia (Ayelén Jenifer K., Angie R., Analía C.) o alegó la no participación en el hecho (Marta V.). Por su parte, el juicio a Claudia Jaquelina C. resultó con una absolución dictada por el juez técnico luego de haber declarado el jurado estancado. Si bien en todos estos casos pudo incidir el principio de duda razonable, estos juicios coinciden en haber tenido defensas que mostraron un buen dominio de su teoría del caso y claridad en la exposición del relato de los hechos.

Aunque María Cristina S. y Nélida B. fueron declaradas culpables, en instancias recursivas posteriores, la Suprema Corte indicó que la situación de violencia se había acreditado en el debate. En ambos procesos cuestionó la revisión de condena realizada por Casación, porque "no medió un análisis del contexto en su real dimensión, de modo tal de permitir apreciar por qué esas particulares circunstancias tornan menos intenso el reproche de culpabilidad"[56].

Estereotipos en la litigación

Otra dificultad con la que las defensas se enfrentaron al momento de preparar su estrategia fue el riesgo de que se filtraran prejuicios que reposan sobre las mujeres en contacto con el sistema penal. La mayoría de los casos de mujeres que mataron y se defendieron ante el jurado popular tienen como nota distintiva que las acusadas son "malas víctimas" o "víctimas culpables", porque no se adecuan al ideal de femineidad imperante (Madriz, 2001, p. 106). Las imágenes de las víctimas inocente y culpable "[f]orman parte del repertorio ideológico sobre la delincuencia que nos enseña, desde edad muy temprana —a menudo en forma subconsciente y acumulativa—, que hay dos clases de víctimas: las que se lo merecen y las que no" (Madriz, 2001, p. 114).

En los casos estudiados, hay algún dato que surge de la prueba que hace más borrosa la posibilidad de que sean fácilmente identificadas como "buenas víctimas". Las características del hecho o circunstancias de su historia de vida no las muestra "pasivas", "debilitadas" o "necesitadas de ayuda" (Sánchez y Salinas, 2012, p. 204), lo que las coloca en el grupo de las "víctimas culpables". En algunos de los relatos que circulan en los juicios estudiados, encontramos mujeres que, luego de matar, hacen alguna acción que se sale del guion de comportamiento propio de una víctima pasiva. En otros casos, hay características —supuestas o

---

[56] Ver SCJ, causa n° P-132615-Q, rta: 08/11/2021 (Nélida B.) y causa n° P. 135.943-Q, rta: 28/12/2023 (María Cristina S.).

reales— de la trayectoria vital de las mujeres, que las colocan en un lugar muy propicio para los estereotipos negativos de género: por su personalidad fuerte o por su carácter tímido, por haber sido anteriormente denunciadas por violencia doméstica por parte de su pareja, por su orientación sexual, por su trabajo sexual, por su vinculación a otros delitos previos.

En un caso, la acusada acomodó el cuerpo y simuló un accidente (Nélida B.) o un infarto (Claudia Jaquelina C.). En otro, asfixió al hombre con una bolsa en la cabeza y luego lo enterró en el fondo de su casa (Raquel B.). También se juzgó a una mujer que, luego de haber matado a su pareja y atacado gravemente a la amante, condujo un auto desde la ruta hacia su casa y se negó inicialmente a indicar dónde estaba el cuerpo (Analía C.). En otro caso, el homicidio habría sido cometido mientras el hombre dormía (María Cristina S.). En uno, la mujer dijo haberse defendido de una violación, pese a que la noche anterior había consentido haber tenido relaciones sexuales con el hombre al que había atacado (Angie R.). También hubo casos en los que se dijo que las mujeres reaccionaban físicamente a la violencia que recibían de su pareja (Ayelén Jenifer K., Belén A., María Cristina S.) o eran ellas las agresivas (Magalí H., Marta V.). Estas características colocan a las mujeres acusadas en un repertorio de acciones propias de "malas víctimas", aspectos que probablemente contemplaron sus defensas como debilidades para que la teoría del caso fuera aceptada por el jurado.

Como el uso de estereotipos permite simplificar la complejidad del mundo y comprender rápidamente, es un recurso narrativo atractivo para logar una historia persuasiva ante el jurado. Pero los estereotipos pueden ser perjudiciales y discriminatorios, por ejemplo, "cuando establecen jerarquías de género, categorizaciones peyorativas o desvalorizan a las mujeres" (Asensio, 2010, p. 83). Los estereotipos descriptivos[57] pueden estar sustentados en

57 Arena define los estereotipos descriptivos como aquellos que ofrecen información acerca de las características de determinado grupo y de cada uno de sus miembros (Arena, 2022b).

base empírica o no. Pueden dar lugar a formas de discriminación cuando a) son falsos para el grupo, b) son falsos para el caso particular de un miembro del grupo, c) contribuyen a mantener una jerarquía (Arena, 2022b).

Explicar el móvil del crimen, se sabe, no es elemento del delito, pero otorga coherencia al relato de los hechos. En algunos casos estudiados para esta investigación, la fiscalía buscó convencer al jurado con ideas simplificadas a través del uso de estereotipos de género descriptivos en el móvil del crimen. Cuando argumentó los motivos del homicidio, habló de mujer "despechada por haber sido engañada", "vengativa porque le pidieron el divorcio", "fría y manipuladora", "conflictiva o irascible".

Si la acusación pretende afirmar que la mujer mató al marido porque tiene un carácter irascible/frío/vengativo, debe exigírsele un esfuerzo adicional para mostrar que no estaba haciendo uso de una descripción sesgada sobre el carácter de la imputada. Cuando el estereotipo recae sobre un grupo históricamente discriminado, "la exigencia de control de las generalizaciones ha de ser más exigente" (Arena, 2022b, p. 244). La discriminación histórica y estructural de las mujeres víctimas de violencia refuerzan la necesidad de controlar de manera reforzada el ingreso de generalizaciones acerca de sus características personales. Por su parte, la defensa puede alegar lo insostenible del estereotipo por falso como característica general, por falso para el caso en concreto, o por mantener una jerarquía.

Existe discusión sobre si "la prueba de carácter" debe ingresar al juicio y, en todo caso, en qué supuestos y bajo qué condiciones (Lorenzo y Lopardo, 2021, ps. 225-265; Piqué, 2022, ps. 253-258). Si su ingreso se permite, se debe controlar que la producción de prueba se limite a su relevancia legal y que no genere un perjuicio indebido, ni que verse sobre rasgos de la personalidad que giran alrededor de una discusión estereotipada sobre las mujeres imputadas y los mitos de la violencia.

En algunos casos de esta investigación, se observó un trato estereotipado, ya sea por la acusación o por la defensa. En el juicio a Belén A., tanto en la teoría de la fiscalía como en la de la defensa, el paradigma de violencia fue la violencia física, y no así la psicológica o simbólica —a la que aludió la acusada en su declaración—, de manera que la contienda giró sobre un cliché acerca de lo que la violencia de género es (Bodelón, 2014, p. 51). La defensora, en el alegato de clausura, dijo: "Belén y Cristian llevaban una vida a los golpes, dicho por unos testigos de la fiscalía. Un día la pasaban besándose, y otro día golpeándose. Indudablemente, la situación de ellos era una situación que tal vez a nosotros no nos gusta —porque yo no voy a aceptar tener a mi lado una persona que viva pegándome—, pero que, a lo mejor, a ellos sí. Podemos decir que son el tipo de personas que podían tener una relación enfermiza. [...]. No es una asesina. No salió a matar a Cristian. ¿Se peleaban?, sí. ¿La trompeaba?, sí. Pero se amaban. Un amor distinto, un amor que, quizá, nosotros no podamos entender. Pero un amor de ellos, a su manera".

Hablar de "relaciones enfermizas" remite al mito por el cual las mujeres víctimas de violencia permanecen en el vínculo porque tienen algún placer masoquista. De esta manera, reduce el fenómeno a características individuales o patológicas, y oculta el sustrato discriminatorio del fenómeno. La relación de Cristian y Belén quizá se trataba de una pareja que enfrentaba violencia cruzada pero, dado que esa caracterización suele ser utilizada para invisibilizar el fenómeno de la violencia de género, era necesario verificar que no se estuviera haciendo uso de un estereotipo falso o débil, o que no fuera cierto en este caso concreto, o que fuera discriminatorio por justificar la violencia de género ante mujeres que desobedecen el mandato de pasividad.

En el juicio a Claudia Jaquelina C., la valoración estereotipada fue presentada por la fiscalía al cierre del juicio y argumentó que ella no había optado por un medio de defensa razonable. Sostuvo que la mujer era responsable por no pedir ayuda y por seguir en esa relación nociva. Alegó que hoy en día había mucha información sobre líneas gratuitas para denunciar, por lo que debió de obrar de otro modo.

En el juicio a Angie R., el riesgo del uso de estereotipos de género estaba presente porque ella era lesbiana, lo que podía habilitar alguna evaluación negativa de sus conductas, basada en un prejuicio sobre la orientación sexual que afectara la credibilidad de su declaración[58]. Durante el juicio la fiscalía no hizo uso del estereotipo para construir su teoría del caso. En el alegato de clausura usó el dato de su orientación sexual para cuestionar que hubiera existido un intento de abuso sexual, porque confrontó su declaración con otra anterior, donde reconoció haber tenido relaciones en dos oportunidades con la víctima.

Ya no en relación con los estereotipos de género, sino con prejuicios derivados de la tenencia de antecedentes penales, la defensa de Angie R. también tuvo una posición activa para evitar que ingresara al juicio información sobre otras causas seguidas a la acusada. Como Angie R. había declarado que nunca había usado un arma, la fiscalía solicitó al juez presentar prueba para controvertir ese aspecto. Propuso presentar a dos testigos que habían declarado en una causa por tentativa de robo con armas, en la que Angie estaba imputada. La defensa se opuso, para lo cual argumentó que iban a estar discutiendo en este juicio un hecho sobre el cual no había recaído sentencia y que, además, había sido sobreseída por la tenencia del arma (por no ser apta para el disparo). El juez hizo lugar a la posición de la defensa, al considerar especialmente que había sido desvinculada de la causa por la tenencia de armas. La incidencia que se produjo sobre este punto se vincula al recelo de que ingresen al juicio los antecedentes penales de las personas acusadas (Harfuch, 2016, ps. 330 y 337). Paralelamente, las declaraciones de los testigos

---

[58] Al respecto, ver Gimeno (2008) sobre cómo inciden los prejuicios en el comportamiento de las mujeres lesbianas para la declaración de culpabilidad.

solicitados por la fiscalía podrían haber generado un estereotipo negativo por "mala víctima" sobre el carácter de Angie R.

En el juicio a Ayelén Jennifer K., también hubo un intento de mostrar un "pasado criminal" para desacreditarla a ella y a sus testigos. Durante algunos interrogatorios y contrainterrogatorios de la fiscalía, se sugirió tácitamente un prejuicio negativo sobre la acusada y su familia, por una supuesta vinculación con la comisión de delitos de drogas. Por ejemplo, cuando declaró el policía que había acudido a la casa ante el llamado de emergencia, el fiscal hizo preguntas que habilitaron que el testigo contara que años atrás se habían iniciado dos causas por comercialización de estupefacientes en esa misma casa: Jennifer, su madre y su padre estaban siendo investigados y la acusada había estado dos veces aprehendida. La defensa se opuso a esta línea de interrogatorio porque se le estaba preguntando por una situación que había sucedido después del hecho y solo servía para confundir al jurado. El juez indicó al testigo que debía abstenerse de responder todo lo que fueran circunstancias posteriores al hecho. Pero la fiscalía insistió en esa línea de interrogatorio, y un policía dijo que un integrante de la familia era conocido en el ámbito delictivo. La defensa insistió en que se estaba haciendo derecho penal de autor y solicitó que en las instrucciones finales se le indicara específicamente al jurado que no debía valorarse esa parte de la declaración.

Hallazgos sobre la producción de prueba

Para acreditar el contexto de violencia de género, los testimonios de familiares de la acusada y de la víctima fueron los más ofrecidos por las partes. En sus declaraciones se escucharon autocríticas por no haber intervenido a tiempo para ayudar a la mujer a salir de la relación o comprender a tiempo el riesgo latente. Otros testimonios negaron terminantemente el clima violento o dieron indicadores de que lo habían naturalizado. El modo en que las partes dirigieron el examen y el contraexamen marcó una diferencia que obturó (o habilitó) la posibilidad de contar situaciones tan dolorosas.

En los casos en los que se presentó peritaje del trabajo social o de la psicología, se pudo ampliar el conocimiento sobre las dinámicas de la relación entre la acusada y la víctima de homicidio. En este punto se advirtió una clara diferencia en el trabajo efectuado por los/las peritos/as de cada parte. Los peritajes de la defensa indagaron especialmente sobre la historia de vida de las acusadas, atendiendo a la interseccionalidad de las causas de discriminación y de vulnerabilidad, y declarando abiertamente que su intervención era desde la perspectiva de los derechos humanos. A pesar de que ese no fue el enfoque de los peritajes de la fiscalía, en su mayoría se hizo referencia a la existencia de una historia de violencia. En algunos casos, la defensa pudo aprovechar el contraexamen para ampliar la información que abonaba la teoría del caso propia. Pese a que cierta jurisprudencia y doctrina viene señalando la virtud del testimonio experto para contrarrestar ideas preconcebidas sobre temas de género, el recurso fue poco utilizado en los juicios por jurados analizados.

Por otra parte, se verificó que la defensa o la fiscalía a veces acuden a estereotipos de género en la elaboración de sus teorías del caso y en la condición del examen y contraexamen de testigos. Dada la tendencia a ser estereotipos discriminatorios cuando recaen sobre las mujeres, es necesario ejercer un control más estricto sobre su uso en el sistema de justicia.

En los juicios observados, la producción de prueba sobre la violencia de género tuvo efectos en la resolución del caso. Por un lado, en la mayoría de los debates, la fiscalía terminó validando ese presupuesto fáctico, aunque le diera consecuencias jurídicas distintas: atenuando la acusación, o expresando que no justificaba el homicidio. También puede decirse que la prueba sobre el contexto de violencia fue valorada por el jurado. Esto es así porque incluso en los veredictos de culpabilidad se inclinó por los delitos menores o con atenuantes que implicaban dar por acreditada la existencia de violencia.

Capítulo V. Las instrucciones al jurado

Para que el jurado pueda decidir de modo adecuado, el/la juez/a profesional les explica "el derecho" a las personas que integran el jurado mediante las instrucciones. La comunicación que hace el/la juez/a es sobre las reglas procesales que rigen en el juicio; los principios constitucionales; el derecho de fondo, qué califica como delito; y las reglas de la valoración de la prueba.

En Argentina no existen "instrucciones patrón", pero hay manuales que buscaron dar uniformidad y acompañar pedagógicamente la elaboración de instrucciones ante el desafío de la reforma procesal. Algunos de estos fueron elaborados por el Instituto de Estudios Comparados de Ciencias Penales y Sociales junto con la Asociación de Juicios por Jurados (Harfuch, 2014) y por el Colegio de Magistrados y Funcionarios de la provincia de Buenos Aires (2014). Estos documentos no incorporaron criterios específicos con perspectiva de género, ya sea en las explicaciones acerca de las defensas de fondo, la configuración de delitos o la valoración probatoria, como sí lo hacen otros instrumentos del derecho comparado.

Por ejemplo, en el Manual de Puerto Rico se formula una instrucción específica[59] para el caso en que la mujer imputada alegue que actuó en legítima defensa y complemente su defensa con un testimonio pericial que identifique en la acusada el síndrome de la

[59] Tribunal Supremo de Puerto Rico, Libro de Instrucciones al Jurado, 2022. En la edición de 2006, la instrucción estaba bajo el título "Valoración de evidencia". La instrucción de 2022 es sustancialmente similar en su contenido, aunque fue ordenada bajo el título "Causas de exclusión de responsabilidad penal".

mujer maltratada[60]. En el comentario a la instrucción, se informa que "el propósito del testimonio pericial sobre este síndrome es ayudar al (a la) juzgador(a) a entender el efecto del patrón de abuso en la mujer", que la llevó a creer que es necesario matar o atacar a su agresor "en un período de relativa calma o durante un ataque (una agresión) que aparentemente no era mortal".

El mismo manual también incorporó una instrucción sobre evidencias del Síndrome de Niño(a) Abusado(a) Sexualmente, en el título de "evidencia de síndromes que afectan la credibilidad o las defensas". El comentario a la instrucción explica que este tipo de evidencia pericial "ha sido reconocida como admisible [...] para suplir la dificultad que plantea probar un caso en el que la víctima, por su temprana edad, no puede ofrecer un testimonio articulado y detallado...".

En Argentina, cuando en el juicio se debaten presupuestos fácticos y jurídicos vinculados con violencias de género, el marco normativo de aplicación está dado por la ley nacional 26.485, la Convención de Belem do Pará (CBP) y la Convención sobre la eliminación de todas las formas de discriminación a la mujer (CEDAW) y la jurisprudencia de los organismos internacionales de derechos humanos. Por lo tanto, la explicación del derecho debe contener esa normativa en lo pertinente al caso particular, para lo cual puede recurrirse también a la jurisprudencia de los tribunales locales. Trabajar las instrucciones con perspectiva de género es una práctica que da cumplimiento a la debida diligencia estatal en el juzgamiento de hechos de violencia. Como se señaló previamente,

---

[60] El síndrome de la mujer maltratada es una subcategoría del trastorno de estrés postraumático, identificado por primera vez por Leonore E. Walker en 1977. Walker destaca que el síndrome está constituido por seis grupos de criterios que científicamente lo identifican: recuerdos perturbadores del acontecimiento traumático; hiperexcitación y elevados niveles de ansiedad; conducta elusiva y entumecimiento emocional expresados normalmente en forma de depresión, disociación, minimización, represión y renuncia; relaciones interpersonales conflictivas debido al poder ejercido por el agresor y sus medidas de control; distorsión de la imagen corporal y dolencias físicas y/o somáticas; problemas sexuales (Walker, 2012).

la Corte IDH indicó que la debida diligencia en juicios por jurados por hechos de violencia sexual contra mujeres estaba integrada con el otorgamiento de "instrucciones a los jurados sobre la forma de analizar determinadas pruebas en el procedimiento"[61].

Qué dicen los altos tribunales sobre la perspectiva de género en las instrucciones

El enfoque de género en las instrucciones depende de la actividad de oficio del/de la juez/a o de la actividad de las partes, caso a caso. Si bien cada parte efectúa sus planteos en la etapa de litigación de instrucciones, es el/la juez/a, o técnico/a quien toma la decisión final. La oposición oportuna de las partes es el requisito para que proceda un recurso casatorio posterior contra el veredicto. Esta vía recursiva fue generando jurisprudencia de altos tribunales acerca de la perspectiva de género en las instrucciones al jurado, y los roles que deben adoptar jueces/zas y litigantes, como veremos a continuación.

En Mendoza, en el juicio a un policía que acribilló a una mujer trans (Melody Barrera), las instrucciones explicaron la figura del art. 80, inc. 4 del CP ("homicidio por odio a la identidad de género o su expresión", travesticidio), la valoración del contexto de vulnerabilidad de las personas trans y la valoración de la prueba sin estereotipos (Reyes, 2022). Las instrucciones fueron convalidadas por la Corte de Justicia de Mendoza porque presentaron debidamente al jurado popular las condiciones de discriminación que padecen las mujeres trans en su vida cotidiana, y contribuyeron a fortalecer el acceso a la justicia de personas LGBTIQ[62].

Con anterioridad, la misma Corte se pronunció en pleno en el caso "Acuña"[63] sobre las instrucciones con perspectiva de género.

---

[61] Caso "V.R.P, V.P.C. y otros vs. Nicaragua", *op. cit.*, párr. 265.

[62] SCJ de Mendoza, Sala Segunda, "Chaves Rojas", causa n° 13-06982024-1/1", rta: 3/7/2023.

[63] SCJ de Mendoza en pleno, "Acuña", causa n° 13-05410680-1/1, rta: 7/12/2021.

En ese caso se juzgó a un policía acusado de matar a su pareja, y el jurado dictó un veredicto de culpabilidad por el homicidio agravado por el vínculo y por el uso de arma de fuego atenuado por circunstancias extraordinarias de atenuación. La Corte confirmó el veredicto, pero advirtió un punto crítico del caso: a su criterio, los testimonios en juicio habían dado crédito a la existencia de antecedentes de violencia y existía una imposibilidad normativa de aplicar las circunstancias extraordinarias de atenuación si el autor había cometido anteriormente actos de violencia de género (conf. art. 80, *in fine*, CP). El voto del juez Valerio[64] puso el foco en la necesidad de que las cuestiones de género sean litigadas mediante instrucciones. Por su parte, el juez Adaro criticó la "omisión de brindar en las instrucciones herramientas adecuadas a fin de que el jurado pudiera eventualmente detectar los estereotipos de género que sostienen las desigualdades estructurales contra la mujer" [65], "la forma en que la perspectiva de género debe ser considerada al valorar la prueba" [66] y la interpretación de figuras penales tales como los homicidios del art. 80 del CP, y los incs. 1, 4, 11 y 12. También cuestionó las instrucciones brindadas por contener "una interpretación restrictiva del precepto violencia en tanto lo limita a los actos de violencia física" [67].

Otra sentencia del mismo tribunal mendocino es la del caso "Tizza"[68]. En este se revisó el veredicto condenatorio a una mujer por

---

64 Adhirieron al voto los jueces Dalmiro Garay Cueli, Llorente y la jueza Day.

65 SCJ de Mendoza en pleno, "Acuña", causa n° 13-05410680-1/1, rta: 7/12/2021, voto del juez Adaro. Es relevante que el magistrado también indicó que la posibilidad del jurado de arribar a una solución distinta también había estado obstaculizada por las deficiencias en la investigación fiscal sobre los antecedentes de violencia.

66 SCJ de Mendoza en pleno, "Acuña", causa n° 13-05410680-1/1, rta: 7/12/2021, voto del juez Adaro.

67 SCJ de Mendoza en pleno, "Acuña", causa n° 13-05410680-1/1, rta: 7/12/2021, voto del juez Adaro.

68 SCJ, Sala Segunda, "Tizza", causa n° 13-04879377-5/1, rta: 8/1/2021, voto del juez Palermo.

el homicidio de su hijo. La disidencia del juez Palermo votó por la anulación de su condena porque las instrucciones al jurado no habían tenido perspectiva de género. Indicó que el "posible error [de la condena] no es imputable al jurado popular sino a la falta de claridad en las instrucciones que se le suministraron, en particular, en materia de imputación mediante omisión y violencia de género" [69]. El juez criticó que no se habían explicitado en las instrucciones los problemas de violencia "como un principio rector que debe atravesar la lectura del conflicto en su integridad —conforme lo dispone el ordenamiento jurídico vigente—"[70]. Consideró que "la falta de acceso a tal información impide, *ab initio,* que en el juicio se incorpore una mirada sensible al género y, en consecuencia, que ello repercuta en la decisión que en definitiva se adopte"[71].

En la provincia de Buenos Aires, la Corte Suprema de Justicia local también emitió un fallo sobre género y jurados en el caso "Álvarez-Telechea"[72]. El juicio versó sobre la responsabilidad penal de una mujer y su pareja por la muerte del hijo de aquella, de 11 meses de edad[73]. La acusada había declarado en juicio haber sido víctima de violencia de género en una relación de pareja anterior y también respecto del coimputado por la muerte de su hijo. Además, se expresó acerca de un contexto de vulnerabilidad

---

[69] SCJ, Sala Segunda, "Tizza", causa n° 13-04879377-5/1, rta: 8/1/2021, voto del juez Palermo.

[70] SCJ, Sala Segunda, "Tizza", causa n° 13-04879377-5/1, rta: 8/1/2021, voto del juez Palermo.

[71] CJ, Sala Segunda, "Tizza", causa n° 13-04879377-5/1, rta: 8/1/2021, voto del juez Palermo.

[72] Corte Suprema de la Provincia de Buenos Aires, causa n° 97.120, rta: 03/04/2023.

[73] El jurado dictó un veredicto de culpabilidad que fue anulado por el Tribunal de Casación porque las instrucciones no contuvieron directivas respecto del delito menor incluido, que era el supuesto de homicidio culposo. La Corte Suprema de Justicia provincial confirmó esa decisión (Tribunal de Casación Penal de la provincia de Buenos Aires, Sala I, causa n° 97120, rta:29/10/2020 y Corte Suprema de Justicia de la provincia de Buenos Aires, rta: 03/04/2023). Un comentario sobre la anulación por esos motivos: ver en Penna (2021).

social y económica a lo largo de su vida. Sin embargo, la defensa técnica de la acusada Daiana Telechea no alegó que esa situación de victimización pudiera atenuar o eximir su responsabilidad penal[74]. El fallo de Corte confirmó la anulación del veredicto por falta de instrucciones por un delito menor incluido. Pero, además, el voto del juez Torres criticó la falta de problematización de aspectos del caso que exigían una mirada sobre la violencia de género y que habían quedado invisibilizados en el litigio de las partes. Hizo señalamientos sobre el rol de la fiscalía[75], la defensa[76] y el juez[77] por su falta de perspectiva de género. Indicó que no se había cumplido el estándar de debida diligencia que rige no solo cuando las mujeres que sufren violencia son denunciantes, sino también cuando aparecen como infractoras. En lo que aquí importa, señaló que el déficit "se reflejó con claridad en las instrucciones iniciales y finales impartidas al jurado, en las que ninguna consideración se efectuó respecto a la necesidad de ponderar la prueba libre de estereotipos y prejuicios"[78]. El juez propuso que, en el nuevo juicio a Álvarez y a Telechea, se adopten "las medidas necesarias para asegurar que se cumpla con los estándares de debida diligencia reforzada y que, al mismo tiempo, se garantice

---

[74] Sobre cómo la violencia de género incide en la responsabilidad penal en las imputaciones por omisiones de cuidado, ver Hopp, 2023.

[75] El juez Torres señaló que las preguntas y apreciaciones del fiscal actuante no tuvieron en consideración la desigualdad estructural entre hombres y mujeres, y que considerara que la violencia era recíproca frente a la condena recaída sobre Álvarez por hechos de violencia contra Telechea.

[76] Respecto del rol de la defensa, el juez Torres señaló "la completa falta de abordaje del caso con perspectiva de género", "que se preocupó en demostrar que la violencia de Álvarez comenzó exactamente después del hecho investigado, sin hacer ninguna consideración sobre la necesidad de ponderar las circunstancias fácticas, la prueba e interpretar la ley de manera no neutral a las problemáticas de género".

[77] Al cuestionar el modo en que se realizaron las instrucciones iniciales y finales, que son potestad del magistrado que dirige el juicio, las críticas de Torres también están dirigidas a ese rol.

[78] Corte Suprema de la Provincia de Buenos Aires, causa n° 97.120, rta: 03/04/2023, voto del juez Torres.

que el jurado popular y el/la juez/a técnico/a cumplan con la garantía de imparcialidad, la que exige una actuación libre de estereotipos de género"[79]. Entre otras recomendaciones, propuso que la Secretaría Penal de la Corte y la Oficina Central de Juicios por Jurados elaboren un modelo de instrucciones "a los fines de dotar [...] un piso mínimo de claridad e igualdad"[80].

Con el transcurrir de la implementación del juicio por jurados, el Tribunal de Casación de la Provincia de Buenos Aires también tuvo oportunidad de pronunciarse acerca de los contenidos de las instrucciones en materia de género en tres casos donde mujeres habían sido declaradas culpables de homicidio.

En "Acosta Duarte"[81], la defensa se agravió en casación por la ausencia de perspectiva de género en las instrucciones dadas respecto de la valoración sin estereotipos, su incidencia en la valoración de la prueba y respecto de elementos de la legítima defensa. Casación anuló el veredicto por una falla en la formulación de las instrucciones que pudieron condicionar el veredicto. El voto del juez Mancini señaló que la instrucción sobre legítima defensa era incorrecta porque le explicó al jurado que la agresión ilegítima debía ser "actual e inminente", requisito que no prevé el art. 34, inc. 6 del CP. De esta manera, no encontró una falla en la ausencia de una perspectiva de género, sino que encontró una afectación al principio de legalidad y *ultima ratio*, por apartarse la instrucción de la letra de la ley. Para el juez, "no es necesario acudir a ningún forzamiento del texto legal para incluir [...] a las acciones defensivas llevadas a cabo en un contexto de violencia de género de la posibilidad de ser justificada conforme lo normado por el art. 34, inc. 6, sino que bastará con la verificación, ni más ni menos, de que concurren en el caso los requisitos que

[79] Corte Suprema de la Provincia de Buenos Aires, causa n° 97.120, rta: 03/04/2023, voto del juez Torres.

[80] Corte Suprema de la Provincia de Buenos Aires, causa n° 97.120, rta: 03/04/2023, voto del juez Torres.

[81] Tribunal de Casación Penal de la Provincia de Buenos Aires, Sala V, causa n° 118.486, rta: 05/09/2023.

tal previsión consagra, que no son otros que los expresados en el texto de la ley que, en definitiva, tienden a exigir que la acción defensiva llevada a cabo sea estrictamente necesaria para repeler una agresión ilegítima". El voto del juez Kohan adhirió a los fundamentos de su colega, y agregó que las instrucciones (junto al *voire dire*) es un momento procesal donde debe desarrollarse la imposición a los jurados de los postulados que componen la perspectiva de género.

Posteriormente, otra sala del Tribunal de Casación provincial se pronunció en el caso "Navarro Montenegro"[82]. La defensa se agravió en su recurso por la falta de inclusión de perspectiva de género en las instrucciones, aspecto que había solicitado en el momento oportuno. Ante la oposición de letrados patrocinantes de la particular damnificada, el juez técnico limitó la instrucción solo a mencionar que la defensa sostenía la existencia de la violencia de género, que la acusación negaba tal posibilidad, y propuso al jurado que, con remisión a las "argumentaciones que cada parte sostuvo al respecto en sus elocuciones finales", decidiera sobre su concurrencia o no.

El voto del juez Violini al que adhirió el juez Carral anuló el veredicto porque en las instrucciones se habían dejado de lado conceptos de violencia de género y de perspectiva de género. Señaló que el juez técnico "solo se limitó a poner en conocimiento del jurado la postura de las partes, mas no brindó información cabal, clara y detallada de los conceptos propuestos por la defensa dentro de las instrucciones, extremo que lleva a concluir que hay error en las instrucciones impartidas por el juez con capacidad para condicionar la decisión del jurado".

El fallo "Brizuela"[83] del Tribunal de Casación aportó un elemento adicional porque impone el deber judicial de instruir de

---

[82] Tribunal de Casación Penal de la Provincia de Buenos Aires, Sala III, causa n° 121.894, rta: 05/12/2023.

[83] Tribunal de Casación Penal de la Provincia de Buenos Aires, Sala I, causa n° 12.5445, rta: 15/08/2024.

oficio con perspectiva de género, más allá de la omisión de las partes litigantes de hacer un pedido expreso en ese sentido. El voto del juez Maidana, a la que adhirió el juez Carral, criticó la actividad de la defensa porque, en sus intervenciones en el debate, solo hizo alusiones tangenciales a la necesaria tramitación del caso con un enfoque de género sin que de sus alegatos e intervenciones se desprendiera con nitidez lo que implicaba dicha actividad, ni propusiera instrucciones que los ilustraran. Sin embargo, consideró que las circunstancias del caso requerían una instrucción aun de oficio relativa al tratamiento diferenciado que supone incorporar perspectivas específicas de género.

Los jueces de casación anularon el veredicto porque la jueza profesional que dirigía el debate no había cumplido con el deber constitucional de impartir dichas instrucciones, con fundamento jurídico en el art. 75, inc. 22 de la Constitución Nacional, la CEDAW y la Convención de Belém do Pará. Consideraron que "la omisión de instruir al jurado en materia de perspectiva de género en un caso que lo exigía dadas sus particulares circunstancias, importa el compromiso de las garantías constitucionales, genérica del debido proceso y específica de imparcialidad, que reclama una actuación libre de estereotipos de género, lo que acarrea la nulidad del veredicto y la sentencia...".

El tribunal encontró necesarias las instrucciones de género luego de haber reseñado el material probatorio producido en juicio, en el que advirtió "claramente las condiciones personales y familiares, sociales y económicas de la imputada, que la ubican en un contexto de vulnerabilidad que debió ser evaluado para interpretar y juzgar los hechos por parte de los miembros del jurado". También encontró necesarias las instrucciones respecto a cómo debía valorarse la prueba sin caer en estereotipos ni prejuicios contra la mujer acusada. "Por ejemplo, a fin de valorar que, si volvía a vivir a la casa de su padre, ello no implicaba que no había sido abusada por él, y lo mismo el hecho de no haberlo denunciado penalmente, o que fuera la imputada la única fuente directa de conocimiento e información sobre lo que ocurriera".

Como puede verse en esta reseña de jurisprudencia, los altos tribunales provinciales han ido dando señales acerca del valor de instrucciones específicas para casos en los que la determinación de los hechos requiere un enfoque de género, y propusieron elementos específicos que deben ser explicitados. Más allá de la resolución del caso en particular, los votos de los jueces asumen una "función pedagógica" al indicar a litigantes las exigencias del nuevo sistema (Lorenzo, 2020, p. 263) e incorporan el marco constitucional y convencional en materia de discriminación y acceso a la justicia en contextos de enjuiciamiento por jurados.

La jurisprudencia de la provincia de Buenos Aires reseñada es posterior a los juicios por jurados analizados en esta investigación que, como se verá a continuación, presentan algunas carencias en materia de instrucciones y género. En este sentido, este apartado evidencia que hubo un avance en los estándares de litigación ante jurados desde una perspectiva de género.

Instrucciones sobre la valoración de la prueba en casos de mujeres acusadas

A pesar de que la violencia de género era un presupuesto fáctico debatido entre las partes en todos los juicios analizados, solo excepcionalmente se instruyó al jurado respecto de la valoración de la prueba de hechos de violencia que ocurren en un entorno de intimidad. Los obstáculos identificados en materia probatoria en casos de violencia de género (Defensoría General de la Nación, 2015) y los altos niveles de impunidad en la materia (Ministerio Público Fiscal de la Nación Argentina, 2018) podrían haber motivado a las partes a proponer, o la judicatura a formular de oficio, instrucciones específicas sobre la valoración de cierta evidencia.

En casos de violencia reactiva, el Mecanismo de Seguimiento de la Convención de Belém do Pará (MSECVI, 2018) indicó que la prueba de la agresión ilegítima es uno de los principales problemas para el reconocimiento de la legítima defensa de mujeres acusadas, y señaló algunos ejemplos: la consideración de que la falta de testigos merma la certeza del momento en el que ocurrió la agresión ilegítima, o de que la falta de denuncias previas por parte de las mujeres o el no haber pedido ayuda a familiares muestra la falta de gravedad de la agresión. Por su parte, un informe de la Defensoría General de la Nación (Di Corleto, Lauría Masaro, y Pizzi, 2020, p. 152) encontró como problemas probatorios, en estos casos, la acreditación del contexto de violencia, la credibilidad que se le asigna a la versión proporcionada por las víctimas (imputadas) y/o por otros testigos, la aplicación del principio *in dubio pro reo* en el ámbito de las causas de justificación y la valoración mediante criterios discriminatorios.

Sin embargo, en los juicios analizados en esta investigación sobre mujeres acusadas de homicidio en contextos de violencia, las instrucciones sobre la valoración de la prueba replicaron en su mayoría las incluidas en los manuales que circulan en Argentina, sin especificidades por motivos de género. En un solo caso (Magalí H., Neuquén), se instruyó acerca de la incidencia de los prejuicios de género en la valoración de la prueba.

Instrucciones en el juicio a Magalí H.

Perspectiva de género. El género, según la Organización Mundial de la Salud (OMS), es un conjunto de "roles socialmente construidos, comportamientos, actividades y atributos que una sociedad considera como apropiados para hombres y mujeres".

"La diferencia anatómica entre mujeres y hombres no provoca por sí sola actitudes y conductas distintas, sino que las valoraciones de género introducen asimetrías en los derechos y las obligaciones, y esto produce capacidades y conductas económicas distintas en cada sexo. O sea, el género "traduce" la diferencia sexual en desigualdad social, económica y política".

La perspectiva de género es una variable de análisis que permite ver a las personas en su diversidad de contextos, necesidades y autonomía, superando los estereotipos que provocan discriminación y desigualdad entre hombres y mujeres. La utilización de esta variable es obligatoria para valorar la prueba e implica la obligación de evitar conclusiones basadas en estereotipos, prejuicios o miradas sesgadas hacia las mujeres o varones involucrados.

Una valoración desde el prejuicio es aquella que se basa en cualquier opinión previa sobre una situación o una persona, que no esté basada en la prueba que vean.

Una valoración sesgada es la que otorga un peso desproporcionado a favor o en contra de una cosa, persona o grupo en comparación con otra, sin tener base en la prueba producida en el juicio.

Un estereotipo de género es una opinión o prejuicio generalizado acerca de atributos o características que hombres y mujeres poseen o deberían poseer o de las funciones sociales que ambos desempeñan o deberían desempeñar.

Al juzgar un caso que involucra relaciones entre varones y mujeres, tenemos la obligación de observar la prueba con perspectiva de género, evitando ese tipo de valoraciones y asumiendo la relación desigual que existe estructuralmente y pone a las mujeres en situaciones de inferioridad con relación a los varones.

En el juicio a Claudia Jaquelina C. (Mendoza), si bien se incluyó una referencia a la valoración de la prueba sobre la violencia íntima, la instrucción fue muy genérica sin la precisión desarrollada en la materia:

Instrucciones en el juicio a Claudia Jaquelina C.

En tal sentido, deberán analizar la prueba con amplitud, teniendo en cuenta las circunstancias especiales en los que se desarrollaron los actos de violencia. En otras palabras, con una mirada integral de la problemática y analizando las particularidades que presenta el contexto en que se produjeron los hechos.

En los cuatro casos en los que se presentó como opción al jurado la legítima defensa, se instruyó respecto a cómo rige el principio de *in dubio pro reo* al momento de considerar la causal de justificación, de manera coincidente con lo señalado por la CSJN en "R.C.E."[84].

Con relación a la prueba pericial, ninguna instrucción específica se realizó sobre el criterio para valorar ese tipo de evidencia cuando refiere a presupuestos de violencia. La experiencia comparada sugiere dar instrucciones al jurado sobre las pautas para valorar la falibilidad de cierta evidencia compleja. Por ejemplo, sobre el reconocimiento de personas (Deanesi y Varela, 2020), sobre los testimonios que contienen contradicciones internas o externas que pueden llevar a una decisión no razonable (Lorenzo, 2020; p. 259), o la prueba pericial sobre el síndrome de la mujer maltratada o sobre el síndrome del/de la niño/a abusado/a sexualmente (Tribunal Supremo de Puerto Rico, 2022). Del mismo modo, sustanciar instrucciones específicas respecto de cómo valorar la prueba de la violencia de género puede ser útil para evaluar la credibilidad de la declaración de la acusada y sus testigos.

Incorporar criterios de valoración probatoria puede colaborar en el proceso de deliberación y toma de decisión para el veredicto. Por un lado, al brindar, en lenguaje claro y con solidez jurídica, estándares apropiados que rigen en este tipo de casos. A la vez, al educar al jurado para contrarrestar los estereotipos y mitos frecuentes que reposan en el imaginario social acerca de la violencia y sus víctimas. Finalmente, para otorgar fundamentos válidos al veredicto arribado. En definitiva, el conocimiento acerca de los obstáculos que existen en el juzgamiento debería influir en jueces, juezas y litigantes sobre la necesidad de generar instrucciones al jurado que informen cómo evaluar la evidencia y hagan explícito el propósito de cierto testimonio (Graw Leary, 2020).

---

[84] CSJN, "R.C.E", causa n° 733, rta: 29/10/2019. En el caso se analizó la responsabilidad penal de una mujer por el delito de lesiones graves contra su pareja en un contexto de violencia. El alto tribunal afirmó que, cuando se insertaban hipótesis de hecho contrapuestas, el principio *in dubio pro reo* y la prohibición de *non liquet* imponían a los jueces a inclinarse por la alternativa fáctica más favorable a la persona imputada.

Instrucciones sobre las defensas de mujeres acusadas

Instrucciones sobre legítima defensa

El Código Penal establece que no será punible "el que obrare en defensa propia o de sus derechos, siempre que concurrieren las siguientes circunstancias: a) agresión ilegítima; b) necesidad racional del medio empleado para impedirla o repelerla; c) falta de provocación suficiente por parte del que se defiende" (art. 34, inc. 6).

Existe un cuerpo teórico robusto[85] que propone interpretar los requisitos de la legítima defensa con perspectiva de género, de manera que su aplicación no excluya las experiencias frecuentes en las que las mujeres se rebelan contra las agresiones que las afectan. La jurisprudencia local fue progresivamente incorporando estas propuestas (Di Corleto, Lauría Masaro, y Pizzi, 2020). A nivel regional, el Comité de Expertas del Mecanismo de Seguimiento de la Convención de Belém do Pará realizó una Recomendación General sobre legítima defensa y violencia contra las mujeres que conforma una guía central en el tema (MSECVI, 2018).

En cuanto a la agresión ilegítima, se indica que es necesario valorar el contexto en el que ocurren los hechos para determinar el riesgo al que se encuentra sometida la víctima (Di Corleto, 2006; Hopp, 2012; Laurenzo Copello, 2019). Asimismo, se rechaza que la inminencia demande que la defensa se concrete mientras se produce la agresión, porque de ese modo es difícil que las mujeres en contextos de peligro permanente —como es el carácter de la violencia doméstica— puedan realizar una defensa efectiva (Larrauri, 2008). Se indica que la inminencia no cumple una función legitimadora de la legítima defensa, sino que funciona como un indicador de la necesidad de la defensa (Laurenzo Copello, 2019). También se sostiene que, en los casos

---

[85] Para una sistematización de estos desarrollos, pueden consultarse Lanzilotta, 2021; Correa Flórez 2017; Hopp, 2012; Sánchez y Salinas, 2012; Larrauri, 2008; Di Corleto, 2006; Rioseco Ortega, 1999.

en los que la mujer ha sido víctima de maltratos constantes, debe entenderse que existe una agresión permanente, incluso cuando no hay confrontación (Correa Flórez, 2016).

Con relación a la necesidad racional del medio empleado, la doctrina especializada en género cuestiona que se presuma que la víctima puede utilizar otros medios que son accesibles y adecuados para mantenerse a salvo (Larrauri, 2008). Por el contrario, debe analizarse en concreto la situación de la mujer atravesada por distintos obstáculos para acceder al pedido de auxilio, denunciar o irse del hogar (Di Corleto, 2006; Hopp, 2012; Laurenzo Copello, 2019).

En tanto es común que las interpretaciones estén mediadas por estereotipos de género, se cuestiona que se interprete que las víctimas de violencia de género se someten libremente al maltrato y que, en caso de no querer tolerar agresiones, deberían optar por abandonar el hogar conyugal (Hopp, 2012). Finalmente, en lo que respecta al requisito de falta de provocación, no puede considerarse que cualquier comportamiento que preceda a una agresión constituya una provocación (MSECVI, 2018).

A pesar de estos desarrollos en la dogmática penal, solo en dos casos en los que las defensas presentaron un caso de legítima defensa, se brindaron instrucciones acerca de esta causal de justificación con incorporación de la perspectiva de género (María Cristina S., Magalí H.). En otros dos casos se realizaron referencias a la violencia de género, sin ninguna explicación respecto de su significado (Ayelén Jennifer K.) o explicitando su definición normativa (Claudia Jaquelina C.). En el resto de los casos no se dieron explicaciones al jurado en ninguno de los sentidos mencionados.

Instrucciones en el juicio a María Cristina S. sobre legítima defensa

Requisitos de la legítima defensa bajo el prisma de la violencia de género: En cuanto a la agresión ilegítima en contexto de violencia de género no resulta necesario verificar un ataque físico en curso. Y en cuanto a la necesidad racional del medio empleado no se puede exigir un deber de tolerancia, de menor lesividad, o de acreditar pasividad o debilidad como requisito de procedencia. Se debe entender como violencia de género contra las mujeres toda conducta, acción u omisión, que, de manera directa o indirecta, tanto en el ámbito público como en el privado, basada en una relación desigual de poder, afecte su vida, libertad, dignidad, integridad física, psicológica, sexual, económica o patrimonial como así también su seguridad personal y la de su familia directa. En determinadas circunstancias previstas por la ley, se admite que una persona pueda realizar una acción prohibida sin que ello sea un delito. De conformidad con la ley citada, para que pueda alegarse con éxito esta defensa debe demostrarse la concurrencia de las tres (3) circunstancias:

1) Cristina S. advirtió que estaba por sufrir un daño inminente e inmediato (agresión ilegítima actual e inminente) de parte de Ricardo H. En los casos de violencia de género una persona no solo se defiende de una agresión única y puntual, sino que se defiende de una agresión sistemática y permanente en el marco de una relación asimétrica de poder en la que el hombre ejerce un control y dominación sobre la mujer.

Las circunstancias de la violencia de género deben ser de tal naturaleza que llevan al ánimo de una persona prudente y razonable a la creencia o temor de que realmente se halla en peligro de muerte o de recibir cualquier daño corporal.

Esta creencia o temor si bien debe ser el de una persona razonable debe considerar las características de género explicadas. El peligro que justifica la actuación de un acusado bajo esta defensa puede ser real o aparente: pero debe haber mediado algún acto que haga pensar y creer a una persona de ordinaria prudencia, que si la vida estaba en peligro o que podía sufrir algún daño corporal de gravedad. Se debe considerar si las circunstancias eran tales que hicieran pensar y creer a una persona prudente, que estaba expuesto a tal peligro y si razonablemente podía así creerlo.

2) Cristina S. no ha causado más daño que el razonablemente necesario para evitar el daño actual e inminente que podía llegar a sufrir, aun cuando diera muerte o lastimara de manera gravísima a su marido. Es decir: existió una necesidad racional del medio empleado para impedir o evitar el daño, para parar la agresión.

Es necesario que Cristina S. no haya tenido a su alcance inmediato ningún otro medio de evitar el ataque más que dando muerte o lesionando a su agresor. Esto es, que no estaba a su alcance otro medio razonable de evitar esa muerte o lesiones gravísimas.

El acusado que plantea legítima defensa solo podrá hacer uso de medios en proporción con la naturaleza o clase de ataque de que alega era víctima y no está justificado a emplear un mayor grado de fuerza que la necesaria para impedir sufrir un daño de entidad.

Entre las cuestiones de hecho a considerar por el jurado, se ha de considerar la diferente contextura física y fuerza de un hombre y una mujer, las características o vínculos de su relación y las posibilidades de recurrir a otras ayudas externas que permitan o no realizar una acción menos lesiva. Para ello deberán tener en cuenta los procesos de victimización de las mujeres en contextos de violencia de género.

3) No hubo provocación suficiente de parte de Cristina S.

Con provocación se refiere a cualquier acto de entidad y suficiente capaz de excitar al otro, irritarlo, estimularlo para que el agresor se enoje y reaccione. La ley se refiere a una provocación suficiente y no a cualquier provocación menor. También la falta de provocación debe ser en el momento inmediato anterior al acto de defensa contra el agresor.

Instrucciones en el juicio a Magalí H. sobre legítima defensa

Les informo que la ley de protección integral de las mujeres define a la violencia contra las mujeres como la acción u omisión, que de manera directa o indirecta, en el ámbito público o privado, basada en una relación desigual de poder, afecte su vida, libertad, dignidad, integridad física, psicológica, sexual, económica o patrimonial, o su integridad personal, y abarca a la violencia doméstica *la ejercida por un integrante del grupo familiar, originado en el parentesco por consanguinidad o afinidad, el matrimonio, las uniones de hecho y las parejas o noviazgos, esté vigente o no la relación y haya o no convivencia.*

En la legítima defensa de las mujeres en contexto de violencia de género, se debe tener en cuenta la exigencia al Estado Argentino de hacer valer las obligaciones asumidas en materia de violencia contra las mujeres.

La defensa de Magalí H. ha presentado como una de las respuestas al hecho por la que se la acusa que actuó en legítima defensa necesaria de su persona, en un contexto de violencia de género. Deberán tener presente cuál fue la conducta de la acusada momentos después de ocurrido el hecho, porque de su conducta pueden surgir o no evidencias claras sobre la situación planteada.

Es preciso que analicen también el contexto de violencia doméstica, en el que la mujer se encuentra viviendo en un círculo donde la agresión es siempre inminente, y por ello es que no puede salir de ese círculo por temor a represalias; es consciente que la agresión en cualquier momento puede suceder, y hasta podría ocurrir que no formularse denuncias por miedo; se dan situaciones de aislamiento y pocas veces cuenta o relata la situación por la que está atravesando por estas mismas razones.

Por ello debe tenerse presente que una pelea en el ámbito doméstico quien trata de pegarle a otro y ya arrojó golpes está agrediendo y existe el concreto peligro de que continúe haciéndolo. […].

EXISTENCIA DE LEGÍTIMA DEFENSA - CONTEXTO DE VIOLENCIA DE GÉNERO

La legítima defensa está regulada en el Art. 34.6 del Código Penal. La defensa también planteó como figura penal alternativa aplicable al caso esta calificación legal. La legítima defensa es una causa de justificación que se encuentra regulada en el Código Penal y, de acuerdo a su naturaleza, no hace desaparecer el delito, sino que convierte a la conducta delictiva en permitida ante la presencia de determinadas circunstancias; como: 1) la existencia de una agresión ilegítima por parte del atacante; 2) la necesidad y proporcionalidad del acto defensista y 3) la falta de provocación por parte de quien se defiende.

Solo en aquellos casos en los que exista una conducta encuadrable en una norma del Código Penal pero que se vea alcanzada por estos tres requisitos —ninguno de ellos podrá faltar—, podremos afirmar que se actuó en legítima defensa. Respecto de estos requisitos que la ley penal exige para la legítima defensa, debe entenderse por agresión ilegitima: Creer razonablemente que se ha de sufrir un daño inminente e inmediato. Las circunstancias deben ser de tal naturaleza que lleven al ánimo de una persona prudente y razonable la creencia o temor de que realmente se halla en peligro de muerte o de recibir grave daño en su persona. Ustedes no tienen que considerar si el acusado o la acusada estaba en verdadero peligro de perder su vida o de sufrir grave daño, sino solamente si las circunstancias eran tales que hicieran pensar o creer que su vida estaba expuesta a tal peligro y si razonablemente podía así creerlo.

Basándonos en una interpretación con perspectiva de género, dicha acción tiene que provenir necesariamente de un hombre, dado que entendemos a la "violencia de género" como la violencia ejercida hacia la mujer basada en una relación de poder desigual en donde se privilegia a los varones sobre las mujeres.

La idea de agresión, en los términos de la Declaración de las Naciones Unidas sobre Eliminación de la Violencia contra las mujeres, es todo acto de violencia basado en la pertenencia al sexo femenino que tenga o pueda tener como resultado un daño o sufrimiento físico, sexual o psicológico para las mujeres, inclusive las amenazas de tales actos, la coacción o privación arbitraria de la libertad, tanto si se producen en la vía pública o privada.

Es requisito de la legítima defensa, en su figura clásica, que la agresión del riesgo deba ser actual, descartando así la agresión ya cesada y la agresión futura.

En los casos en donde existe violencia de género, esta exigencia cede ante la especial situación de la víctima de violencia, hay que tomar en cuenta el contexto de la agresión, que es una agresión permanente y reiterada en el tiempo, y no tener en cuenta solo la del último momento en que el hecho sucede.

La reacción de quien se defiende puede aparecer en estos contextos, en los momentos en que exista aun un menor caudal de agresión. No solo estamos ante una agresión contra la vida, sino que estamos ante una agresión permanente contra la libertad y seguridad de las mujeres.

Ustedes no tienen que considerar si la acusada estaba en verdadero peligro de perder su vida o de sufrir grave daño; sino solamente si las circunstancias eran tales que hicieran pensar, temer o creer a una persona que su vida estaba expuesta a tal peligro. En este sentido, es necesario que evalúen la existencia o no de una situación de maltrato contra la pareja, esto es, que la persona haya empleado fuerza física, intimidación o violencia psicológica en la persona de su pareja o expareja con la intención de causarle un daño físico o emocional a la persona con quien sostiene o sostuvo una relación de pareja.

Respecto de la Necesidad y proporcionalidad del acto de defensa, deben entenderlo como la proporción razonable entre la agresión y la defensa. El acusado/a que plantea la legítima defensa solo podrá hacer uso de medios en proporción con la naturaleza o la clase de ataque de la que alega fue víctima y no está justificado/a en emplear un mayor grado de fuerza que la necesaria para repeler o evitar el daño.

En los casos en que hay un contexto de violencia de género entre el agresor y quien se defiende, el medio empleado debe ser analizado en base a las circunstancias y contexto del caso concreto. En este sentido, la evaluación sobre la proporción del medio utilizado deberá flexibilizarse, cuando las agresiones que se sufren por la mujer son reiteradas, y probablemente el medio analizado, sea el único para ella, ya que no siempre existe la posibilidad de elección entre un medio más grave o menos grave, sino la utilización de una única forma posible de defensa.

Y respecto de la falta de provocación por parte del que se defiende; la persona acusada perderá el derecho a defenderse, si de él proviene una agresión antijurídica intencional o no, que consiste en provocar al otro, irritarlo, estimularlo para que el agresor se enoje y reaccione.

Desde una perspectiva de género, que es la exigencia y obligación internacional y nacional asumida por nuestro país, entendemos que cuando una mujer sufre violencia de género, difícilmente pueda provocar al hombre, debido a que se encuentra en un estado de vulnerabilidad y miedo constante, como consecuencia de las agresiones y amenazas reiteradas. Sin embargo, en estos tipos de relaciones en las cuales hay violencia de género, el agresor intenta justificarse en la culpabilidad de la mujer, ya sea porque ha realizado denuncias previas, o por los estereotipos que suelen llevar a la idea de que la mujer consintió la situación o provocó para ser agredida, la llamada violencia psicológica.

Una persona que es atacada por otra no está obligada a huir, a esconderse, o abandonar el sitio para ponerse a salvo de su agresor, sino que puede permanecer en dicho sitio y defenderse. Mucho menos puede exigírsele esto a una mujer que ha vivido violentada en una vida cíclica de agresiones por parte de su pareja […].

Instrucciones en el juicio a Ayelén Jennifer K. sobre legítima defensa

a) en primer lugar, que existió una agresión proveniente de la víctima en un contexto de violencia de género. Es decir una agresión injusta de J.C.K hacia Jennifer Ayelén K. que esta no tenía por qué soportar y que la puso en actual o inminente peligro de muerte o de grave daño corporal y que ese estado de necesidad era actual o inminente pues de lo contrario, cesa también el derecho de defensa…

Instrucciones en el juicio a Claudia Jaquelina C. sobre legítima defensa

Violencia de género. La acusada ha alegado como defensa afirmativa que se defendió de manera legítima y necesaria frente a actos de violencia de género de su marido. De acuerdo a nuestra legislación debe entenderse que la violencia de género comprende cualquier acción u omisión, cualquier conducta física o psicológica de un hombre contra una mujer basada en una relación desigual de poder, que le cause la muerte, daño, sufrimiento físico, sexual o psicológico, tanto en el ámbito púbico como el privado, que tenga lugar dentro de la familia, o unidad doméstica, o en cualquier relación interpersonal, ya sea que el agresor comparta o haya compartido el mismo domicilio que la mujer.

Por relación desigual de poder se entiende la actitud de un hombre, que se considera con el derecho de disponer del tiempo, el cuerpo y la vida de la mujer como si le perteneciera. Son actos especiales en violencia de género en relación desigual de poder, aquellos actos de un hombre hacia una mujer que buscan controlar sus acciones y decisiones mediante amenazas, acoso, hostigamiento, o vigilancia constante, o exigencia de obediencia y sumisión, o coerción verbal o celos excesivos. Son ustedes quienes primero tendrán que dar por probado que existió violencia de género de Carlos P. a Claudia Jaquelina C. Esta es una situación de hecho que debe ser probada por el jurado.

En caso de que Uds. consideren probada la existencia de esta situación o contexto de género, deberán entonces analizar los hechos atribuidos a Claudia C. desde esta perspectiva o enfoque particular de género incluso al momento de analizar si existió o no legítima defensa por parte de la acusada.

Las instrucciones en el juicio a Cristina S. y a Magalí H. siguen los estándares del Comité de Expertas del MESECVI en su Recomendación General n° 1. Explican que la violencia de género es una agresión ilegítima; hacen referencia a su carácter continuo cuando ocurre en contextos domésticos y dan pautas para considerar la proporcionalidad del medio empleado, entre los que se encuentran los procesos de victimización de las mujeres en contextos de violencia de género. Las instrucciones de Cristina S. fueron convalidadas el Tribunal de Casación de la provincia[86].

---

[86] Tribunal de Casación de la Provincia de Buenos Aires, Sala III, "S.M.C. s/ recurso de casación", causa n° 86766, rta: 27/12/2019. Sobre el alcance de la revisión que hizo el tribunal sobre las instrucciones, ver González 2021.

En cambio, en el juicio a Claudia Jaquelina C., se explicaron los conceptos de violencia de género sin precisión en cómo impactaba la dinámica de la violencia doméstica en los requisitos de la causal de justificación. En el juicio a Ayelén Jennifer K., la instrucción solo explicó que la agresión ilegítima de la víctima fue en un contexto de violencia de género. Pero, en el alegato de clausura, el defensor de Ayelén, Jennifer K. presentó el modo en que debía interpretarse la causal con mirada de género, lo que completó el sentido de la instrucción. Contó al jurado que la Suprema Corte de Justicia de Mendoza, en el fallo "Rojas Echevarrieta"[87], había dicho que era preciso repensar los extremos de la legítima defensa cuando quien la invoca es una mujer víctima de violencia. Con citas textuales hizo referencia al fenómeno como expresión de las desigualdades históricas entre varones y mujeres, a la característica de continuidad de la violencia íntima y a los obstáculos psicológicos y sociales de las mujeres para salir del vínculo.

En los otros casos analizados en esta investigación, las instrucciones sobre legítima defensa no incluyeron aspectos de género, a pesar de que era el planteo de la teoría del caso de la defensa. En el juicio a Belén A., las instrucciones no hicieron mención al contexto en el que —según se alegó— esa defensa había ocurrido. Y, al momento de explicar los elementos del art. 34, inc. 6, CP, las expresiones remitieron a la doctrina penal que, históricamente, fue utilizada para dejar afuera a las mujeres acusadas del derecho a defenderse por mano propia. Sí se hizo referencia a que el peligro se evalúa "según la percepción de la imputada en función de las circunstancias", que es una pauta valiosa para evitar análisis abstractos, y llama la atención sobre la necesidad de considerar la experiencia frecuente de las mujeres en su contexto (Di Corleto, 2006). En igual sentido, fue positivo que se instruyera al jurado respecto de que una persona atacada no está obligada a huir, sino que puede permanecer en el sitio y defenderse, ya que el

87 Suprema Corte de Justicia de Mendoza, "Rojas Echevarrieta, Cintia Jazmín", causa n° 110.919, rta: 23/6/2014.

criterio contrario fue sostenido tradicionalmente en casos de violencia doméstica, que exigía mayores obligaciones a las mujeres dentro de las relaciones de pareja (Di Corleto, 2006).

Un aspecto llamativo en las instrucciones al jurado en el juicio a Belén A. es que, si bien no se hizo referencia al contexto de violencia en la instrucción sobre la defensa principal (el obrar justificado), sí se mencionó en la instrucción de un delito menor (la del homicidio cometido con circunstancias extraordinarias de atenuación). Como se verá más adelante, en la instrucción sobre ese atenuante, se hace referencia a "la violencia de maltratos y de golpes" que recibía la acusada.

Finalmente, la instrucción sobre legítima defensa en el juicio a Angie R. no contiene ninguna referencia específica sobre la defensa ante ataques sexistas. Esta situación puede tener explicación en que la teoría del caso de la defensa era que ella había reaccionado a un ataque puntual (un intento de violación), y no fue un obrar en el marco de un contexto de violencia continua.

Como se mencionó en el capítulo 2, Cristina S. y Magalí H. fueron condenadas, mientras que Ayelén Jenifer K. y Angie R. fueron declaradas no culpables, y Claudia Jaquelina C. obtuvo una absolución tras un jurado estancado.

Instrucciones sobre inimputabilidad

El veredicto de no culpabilidad por razones de inimputabilidad es el único veredicto con la opción "no culpable", que indica la causa de la decisión absolutoria porque habilita la realización de la audiencia de cesura para el debate sobre la necesidad de imponer una medida de seguridad[88].

[88] Explica Penna que "no deberá desdoblarse a esta opción en más de una como, por ejemplo, "no culpable por legítima defensa" y "no culpable por no probarse la acusación", pues ello sería una manera de pedir explicaciones a los jurados allí donde no corresponde" (Penna, 2019). Sin embargo, en algunos formularios de veredicto utilizados en los casos que se analizan en esta investigación, se ofreció la opción de "no culpable por legítima defensa".

Una decisión del jurado en ese sentido indica que los hechos probados en juicio no son punibles cuando "el que no haya podido en el momento del hecho, ya sea por insuficiencia de sus facultades, por alteraciones morbosas de las mismas o por su estado de inconciencia, [...] comprender la criminalidad del acto o dirigir sus acciones" (art. 34, inc. 1, CP).

En general, las legislaciones vinculan la incapacidad para comprender o para dirigir la conducta a factores patológicos o al efecto de determinadas sustancias. Sin embargo, ciertos factores situacionales externos pueden llegar a afectar la normalidad psíquica del/de la autor/a en el momento del hecho. Por ejemplo, la idea de "trastorno mental transitorio" puede (o no) estar asociado a una base patológica, porque también puede estar provocado por una situación vital de especial dificultad (Laurenzo Copello *et al.*, 2020). Laurenzo Copello propone tener en cuenta los contextos socioculturales sumamente adversos de las mujeres para valorar la capacidad motivacional y, consecuentemente, su imputabilidad. De este modo, la violencia de género y otros factores asociados a la vulnerabilidad cobran un peso específico para interpretar el alcance del art. 34, inc. 1, CP.

Sin embargo, en las instrucciones dadas al jurado en los casos de Nélida B. y Analía C., la cuestión de la inimputabilidad quedó restringida principalmente a factores patológicos, mas no a factores externos asociados al contexto sociocultural adverso. Como se ve, en las instrucciones del juicio a Nélida B., quedó acotada a un problema de "insuficiencia mental", "una alteración morbosa de sus facultades mentales" o al problema de no estar "en condiciones de dirigir voluntariamente sus acciones". En las instrucciones del juicio a Analía C., se mencionó "un estado de inconsciencia".

A continuación, se reproducen las instrucciones dadas en los juicios de Analía C. y de Nélida B. sobre las defensas en el ámbito de la inimputabilidad.

Instrucciones en el juicio a Analía C. sobre inimputabilidad

... la imputada C. pudo haber actuado sin comprender la criminalidad de los actos o de dirigir libremente sus acciones, por un estado de inconciencia deben considerar: que para poder declarar culpable a Analía Beatriz C. deben tener por acreditado que la misma pudo al momento de los hechos comprender la criminalidad de sus actos y de dirigir sus acciones. Uds. deben analizar si C., al momento de cometer los hechos, pudo ser capaz de comprender de este modo la criminalidad de su propósito concreto y adecuar la dirección de su acción a esa comprensión. La expresión "comprender la criminalidad" alude a la capacidad de comprender o captar positivamente el disvalor ético social de la propia conducta. El comprender no se reduce a una operación meramente intelectual, sino que emana de la esfera afectiva, la que captamos y sentimos en el mundo de los valores. Por otra parte, si C. tenía capacidad de comprensión, deben evaluar si podía dirigir sus acciones. La incapacidad de dirigir sus acciones significa la incapacidad de ejercitar el dominio de la acción para conducirla a un objetivo previsto conforme a valores. Asimismo, deben tener por acreditado que C. en el momento del hecho podía dirigir libremente su accionar, es decir que en las circunstancias del caso hubiere tenido la suficiente libertad para haber actuado de otro modo. Existen determinados estados de inconsciencia que impiden aquellas posibilidades, si Uds. tienen por acreditado un estado de inconsciencia, que al momento de los hechos le impidió a C. comprender la criminalidad de su conducta o dirigir libremente sus acciones, deben votar no culpable por inimputabilidad.

Instrucciones en el juicio a Nélida B. sobre inimputabilidad

La defensa de la imputada ha pedido que se declare a su defendida no culpable por entender que en el caso, Nélida B. actuó mediando insuficiencia de sus facultades mentales o alteración morbosa de las mismas. Uds. deben entender que la ley admite que una persona, bajo determinadas circunstancias, puede realizar una conducta prohibida (por ejemplo, matar a otro) sin que ello habilite para aplicarle una pena. Para determinar ello Uds. deben analizar no solo lo que han declarado los testigos, los peritos o eventualmente la imputada sino, además, la conducta desplegada por Nélida B. antes, durante y con posterioridad a cometer el hecho. Corresponde al jurado que Uds. integran determinar si en este caso Nélida B. estaba en condiciones de comprender la criminalidad del acto y podía dirigir voluntariamente sus acciones. Para determinar si ello ocurrió, deben darse determinados requisitos, por ejemplo, que Nélida B. padecía una insuficiencia mental, es decir si las facultades mentales de la imputada por alguna circunstancia se encontraban disminuidas, o si padecía una alteración morbosa de sus facultades mentales, es decir, si tenía alguna enfermedad mental que le impidiera comprender lo que estaba haciendo, o no estaba en condiciones de dirigir voluntariamente sus acciones.

En los juicios donde las tesis defensistas fueron la inimputabilidad, estuvo en debate qué valor tenían las conclusiones de los peritajes para la resolución del caso. Sin embargo, ninguna instrucción se realizó al respecto. En el alegato final del juicio a Analía C., el defensor compensó la omisión de instruir respecto del peso que tienen los peritajes psicológicos en la determinación de inimputabilidad. Dijo que "los psicólogos tampoco los pueden obligar a votar de determinado modo. Los psicólogos les dan guías que no son científicamente exactas porque no es matemática la psicología".

Aunque en los juicios de Analía C. y de Nélida B. la teoría del caso de sus defensas era la inimputabilidad por un estado de inconsciencia que impidió comprender la criminalidad del acto y dirigir las acciones, los alegatos finales pusieron un énfasis especial en que la situación de violencia crónica había restringido la autodeterminación de las acusadas. Si bien ambas dimensiones hacen referencia a la culpabilidad, la inimputabilidad refiere a la capacidad de culpabilidad y el segundo argumento, a la imposibilidad de reproche por ausencia de autonomía.

En el juicio a Analía C., el defensor dijo: "Llama mucho la atención que el fiscal haya dicho que Analía podía elegir qué hacer y qué no hacer. Con ese mismo argumento agarramos a cualquiera de ustedes, a un hijo de ustedes y le ponemos un arma en la cabeza, y le decimos que vaya a robar el kiosco de la esquina. Ah, pero usted puede elegir si quiere ir o no ir. Sí, elegir ¿pero de qué modo puede elegir? [...]. Uno tiene que ver el contexto para ver qué capacidad tiene uno para autodeterminarse, qué libertad tiene para decidir o no decidir de acuerdo a una serie de circunstancias que rodean a la mente humana y que, evidentemente, hay un montón de situaciones".

Sin embargo, ni en el juicio a Analía C. ni en el de Nélida B. las instrucciones mencionaron la ausencia de reproche en el ámbito de la culpabilidad; no se dieron ejemplos en los que una persona puede tener limitada la libertad para obrar de otro modo, ni se mencionó que la violencia de género fuera un condicionante del plan de vida.

El desfasaje entre los alegatos defensistas (con énfasis en la ausencia de autonomía) y la instrucción (inimputabilidad restringida a cuestiones patológicas) muestra la necesidad de revisar los supuestos de inimputabilidad del art. 34, inc. 1, del CP o su interpretación, y la relevancia de elaborar instrucciones que incluyan la perspectiva de la jurisprudencia que fue flexibilizando su marco interpretativo. Cuando las teorías del caso lo requieran, es importante dar instrucciones al jurado que expliquen la ausencia de culpabilidad, tal como ha sido reconocida en sentencias de jueces/zas técnicos/as. Esto implica considerar el historial de vida de la autora como un factor que puede condicionar o eliminar la culpabilidad (Pitlevnik y Zalazar, 2017).

Como se mencionó en el capítulo 2, el jurado declaró a Analía C. no culpable por inimputabilidad, y Nélida B. fue declarada culpable.

Instrucciones sobre emoción violenta

El Código Penal establece una pena atenuada para "el que matare a otro, encontrándose en un estado de emoción violenta y que las circunstancias hicieren excusable" (art. 81, inc. 1.a y art. 82, CP). Respecto de este atenuante, se dice que "exige, por un lado, la existencia de la emoción como elemento subjetivo y, por el otro, que sea excusable como elemento normativo. La doctrina en general exige que el/la autor/a debe haber sido extraño/a a la causa detonante y debe existir una vinculación entre el estado emocional y el homicidio" (Custet Llambi, 2021).

La aplicación de emoción violenta "ha sido utilizada en ocasiones para atenuar la sanción en casos de violencia extrema contra las mujeres", sobre la base de razonamientos que toman por válidos estereotipos sobre el comportamiento o roles que las mujeres deben tener (Defensoría General de la Nación, 2015; p. 218). En este sentido, los estereotipos acerca de mujeres "infieles" o "traidoras", frente a hombres que cometen "crímenes pasionales", marcaron tradicionalmente razonamientos para justificar una menor culpabilidad a quienes son acusados de homicidios contra las mujeres (Defensoría General de la Nación, 2015; Rodríguez y Chejter, 2014). Los estudios de género cuestionan el sesgo con el que tradicionalmente se interpreta en este atenuante el elemento subjetivo (la emoción que motiva el acto) y el elemento normativo (que lo excusa).

Por otra parte, la CSJN dio pautas para analizar la emoción violenta alegada por la defensa de una mujer acusada en situación de violencia de género y doméstica. En "Pérez"[89], el alto tribunal consideró que el contexto de violencia de género era un factor de desborde emocional, con alcance en el reproche penal atribuido a la autora de homicidio contra su expareja.

Aunque limitada a la casuística del caso, hizo algunos señalamientos que podrían extenderse a otros casos de mujeres acusadas. Por ejemplo, señaló que, según los testimonios, "la imputada llevaba el cuchillo permanentemente consigo, como forma de protección, de modo que su portación, la mañana del hecho, no podía ser valorada como prueba de una premeditación incompatible con el estado pasional alegado". También consideró que debía evaluarse una circunstancia que en apariencia

[89] CSJN, "Pérez", rta: 10/12/2020, con remisión al dictamen fiscal.

se presentaba como nimia y que podía haber funcionado como desencadenante de la emoción violenta. La autora del hecho se había presentado en el domicilio de su expareja para recuperar un televisor que él le había sustraído. La psicóloga que intervino en el caso informó que el televisor había sido el primer bien que la mujer había podido comprarles a sus hijos luego de la separación. Explicó que esa sustracción no valía lo mismo para ella que para un "hombre promedio", sino que "representaba la anulación misma de la posibilidad de una salida a través de un proyecto que la ubicara en relación con la dignidad y la vida de una manera diferente a lo conocido hasta entonces".

El fallo de la CSJN es relevante porque indica que es arbitraria la valoración que no considera la violencia de género como dato contextual para evaluar la legitimidad de la emoción (Custet Llambi, 2021). Desde otra perspectiva, cabe decir que la sentencia también deja en evidencia las resistencias para reconocer situaciones de legítima defensa por parte de mujeres que se defienden de violencia machista.

En definitiva, la figura de emoción violenta no está exenta de complejidades que tradicionalmente han perjudicado el reconocimiento de derechos de las mujeres, ya sea como autoras de delitos o como víctimas de estos. Para controlar interpretaciones perniciosas, es posible incorporar datos que tengan en cuenta las experiencias de subalternización o subordinación histórica de las mujeres y reflejarlas en la elaboración de instrucciones.

En el juicio a Raquel B., se trabajó la hipótesis de la emoción violenta y se instruyó en este sentido al jurado. Sin embargo, el vínculo entre la emoción violenta y la violencia de género no fue explicitada, aunque era el planteo central de la defensa. La teoría del caso defensista sostuvo que se trató de homicidio simple en emoción violenta porque el hombre hostigaba a Raquel y la había amenazado con violar a su hija y a su nieta. Durante el juicio, también presentó prueba sobre la historia vital de la acusada que mostraba que esa amenaza fue especialmente significativa para ella: su hija había sufrido violencia sexual de pequeña; al hacer la denuncia, la niña quedó institucionalizada y alejada de la madre por un tiempo extendido, y el autor nunca fue sancionado.

Aunque la instrucción no precisó el vínculo entre la emoción y el contexto de violencia, esa conexión sí fue puesta en evidencia en el alegato final de la defensora: "... señores y señoras miembros del jurado, pónganse en los zapatos de esa mujer y piensen qué hubieran hecho ustedes en su casa, solos, siendo mujer, con toda historia terrible atrás, con un hombre que se presenta alcoholizado y lanza una amenaza, la amenaza que ponía en peligro a su hija o a su nieta. No importa si era creíble o no creíble la amenaza, lo que importa es lo que provocó en Raquel. El estado, la conmoción, el estallido, el hecho, explica la emoción violenta".

Como se mencionó en el capítulo 2, el jurado declaró culpable a Raquel B. por el homicidio atenuado, tal como lo solicitó la defensa.

Instrucciones sobre circunstancias extraordinarias de atenuación

El Código Penal no define qué son las circunstancias extraordinarias de atenuación. La referencia normativa dice que, cuando en los casos de homicidios agravados por el vínculo "mediaren circunstancias extraordinarias de atenuación, el juez podrá aplicar prisión o reclusión de ocho (8) a veinticinco (25) años" (art. 80 *in fine*, CP). Cuando la ley 26.791 amplió los agravantes del homicidio, también modificó las posibilidades de aplicar las circunstancias extraordinarias de atenuación en femicidios íntimos. La norma restringió su uso de manera tal que no opere frente "a quien anteriormente hubiera realizado actos de violencia contra la mujer víctima" (art. 80 *in fine*, CP). La reforma legal tuvo en cuenta las prácticas judiciales que utilizaban el último párrafo del artículo 80 de forma sesgada en casos de violencia contra las mujeres, a efectos de atenuar el reproche penal (Defensoría General de la Nación, 2015, p. 201).

El carácter androcéntrico con el que se interpreta y se aplica el derecho históricamente condujo a completar el sentido de lo extraordinario de las circunstancias, con consecuencias perjudiciales para las mujeres agredidas. El estudio realizado por Rodríguez y Chejter sobre sentencias anteriores a la reforma introducida por la ley 26.791 verificó que, en causas por femicidios íntimos, había una tendencia a morigerar el reproche penal con razonamientos que desvían la responsabilidad desde el asesino a la víctima (Rodríguez y Chejter, 2014). La fragmentación de los antecedentes de violencia, el estereotipo de "corresponsabilidad" o la naturalización de la violencia frente al "incumplimiento" de supuestos deberes matrimoniales fueron hallados en el análisis de sentencias de femicidios íntimos (Defensoría General de la Nación, 2015) como elementos valorados para aplicar las circunstancias extraordinarias de atenuación.

En las causas donde se juzga la responsabilidad penal de mujeres por homicidios, se identifica una tendencia a incorporar los antecedentes de violencia como atenuante (Pitlevnik y Zalazar, 2017). En estos casos, señalan los autores que no siempre la violencia es tan manifiesta o evidente, por lo que en el análisis se deben tener en cuenta la definición amplia de violencia dada por la ley 26.485, su intensidad, la gravedad del delito y las obligaciones especiales que se predican respecto de la víctima o del victimario, entre otras cuestiones que pueden incidir en el análisis de los eximentes o atenuantes.

En definitiva, al igual que lo que ocurre con la emoción violenta, las circunstancias extraordinarias de atenuación también ofrecen un contexto de interpretación en el que se pueden filtrar mitos acerca de las dinámicas de la violencia, que escatiman el reconocimiento al derecho a una vida libre de violencia.

En los casos analizados para esta investigación, las circunstancias extraordinarias de atenuación fueron planteadas en los alegatos de clausura de la fiscalía como acusación principal (María Cristina S., Claudia Jaquelina C.) o como planteo subsidiario (Belén A.). También fue una opción que no fue presentada en los alegatos, pero sí incorporada como delito menor incluido (Nélida B., Marta V.). El análisis de las instrucciones muestra que en un solo caso se incorporó una mirada de género explícita al momento de evaluar el atenuante de circunstancias extraordinarias (Marta V.) y en otro se mencionaron distintos tipos de violencia por parte de la víctima (Claudia Jaquelina C.). En el resto de los casos se hizo mención al maltrato mediante eufemismos o limitando la violencia a su modalidad física.

Instrucciones en el juicio a Marta V. sobre homicidio en circunstancias extraordinarias de atenuación

Nuestra ley ordena que, antes de declarar a una persona culpable del delito de HOMICIDIO AGRAVADO POR EL VÍNCULO, hay que analizar si dicha persona actuó con CIRCUNSTANCIAS EXTRAORDINARIAS DE ATENUACIÓN. Las mismas provocan una disminución de la pena a aplicar si el jurado encuentra probada alguna de las llamadas "circunstancias extraordinarias de atenuación". Dichas circunstancias son cuestiones de hecho que deben ser determinadas por el jurado de la prueba del juicio. Yo se las explicaré de inmediato. La defensa de la acusada ha alegado que en el pasado recibió agresiones físicas constantes del ahora difunto. Por tratarse de una mujer, debo explicarles los conceptos de "violencia de género" y de "relación desigual de poder" a fin de que consideren si existen o no circunstancias extraordinarias de atenuación. "Violencia de género" comprende cualquier acción o conducta física o psicológica de un hombre contra la mujer basada en una relación desigual de poder, que le cause la muerte, daño o sufrimiento físico, sexual o psicológico, tanto en el ámbito público como en el privado, que tenga lugar dentro de la familia o unidad doméstica o en cualquier relación interpersonal, ya sea que el agresor comparta o haya compartido el mismo domicilio que la mujer. Por "relación desigual de poder" se entiende la actitud de un hombre que se considera con derecho a disponer del tiempo, el cuerpo y las vidas de las mujeres, como si les pertenecieran. Son actos especiales de violencia de género en relación desigual de poder aquellos actos de un hombre hacia una mujer que buscan controlar sus acciones y decisiones mediante amenaza y/o acoso y/o hostigamiento y/o vigilancia constante y/o exigencia de obediencia y sumisión, y/o coerción verbal y/o celos excesivos. [...].

Definición de las circunstancias extraordinarias de atenuación: Debo advertirles que nuestra ley no dice textualmente qué son las circunstancias extraordinarias de atenuación. La determinación de ellas la debe hacer en cada caso concreto el Jurado, ya que son los únicos jueces de los hechos por mandato de nuestra Constitución. La enumeración que les haré es solamente indicativa y refleja las sentencias de nuestros Tribunales sobre la cuestión. Pero, al tratarse de una norma abierta, pueden tener por probada alguna circunstancia extraordinaria de atenuación que no esté en la lista que les daré. Esta es la lista de algunas de las siguientes posibles circunstancias extraordinarias de atenuación: 1) que el homicidio fue cometido por piedad, a pedido de la propia víctima, para evitar una prolongada agonía y/o grave sufrimiento de la pareja; 2) la actitud de la víctima, como ser sus amenazas, ímpetu de ira, sus condiciones psicopáticas, el maltrato, acoso, persecución y/o agresión hacia Marta Dina V. o hacia su familia, así como el abuso de drogas o alcohol y su incidencia en el hecho concreto; 3) cualquier otra circunstancia extraordinaria que se presente en el caso concreto y que, a juicio del Jurado, racionalmente deba atenuar la pena del homicidio calificado por el vínculo....

Instrucciones en el juicio a Claudia Jaquelina C. sobre homicidio en circunstancias extraordinarias de atenuación

Dichas circunstancias deben ser determinadas por el jurado a través de la prueba producida en el juicio. Nuestra ley no dice textualmente qué son las circunstancias extraordinarias de atenuación. No obstante, existe consenso, en que constituyen un conjunto de aspectos que generan una situación excepcional en la relación entre la víctima y el victimario, que tornan inexistentes o hacen desaparecer las consideraciones que llevaron al legislador a agravar la conducta, en orden a la disminución del afecto y el respeto, provocando en la persona una reacción que se concreta en la acción de matar [...].

La enumeración que les haré es simplemente enumerativa, ejemplificativa, y refleja algunas sentencias de las cortes de justicia sobre la cuestión. Pero al tratarse de una norma abierta, Uds. pueden tener por probada alguna circunstancia extraordinaria de atenuación que no esté en la lista que les voy a dar. [...].

Que el homicidio fue cometido por piedad, a pedido de la propia víctima, para evitar una prolongada agonía y/o grave sufrimiento del cónyuge; que el matrimonio entre la víctima y la acusada había ingresado en un declive, tanto personal como individual, económico y afectivo, notándose la progresiva degradación del vínculo hasta extremos inusuales; la actitud de la víctima, como ser sus amenazas, ímpetu de ira, sus condiciones psicopáticas, el maltrato, acoso, persecución y/o agresión hacia la acusada o a su familia, así como el abuso de drogas o de alcohol...

Por otra parte, las instrucciones en María Cristina S. y en Nélida B. hicieron referencia a que las circunstancias extraordinarias se dan cuando desaparece "el deber de especial/particular respeto". En el primero no se detalló qué situaciones pueden desplazar ese deber de respeto. En cambio, en Nélida B. sí se ejemplificó, pero con remisión a concepciones que aluden a los mitos de la violencia: "clima de desquicio", "infidelidad". Estas ideas parecen ser un eufemismo para nombrar un presupuesto fáctico que la defensa y la fiscalía controvirtieron durante el litigio de la prueba: si existió (o no) violencia de género.

Parece problemático referir a que la "infidelidad" puede atenuar el homicidio en la pareja por sugerir que la infracción a la monogamia o los celos son valores que disminuyen la lesividad de la conducta. Ciertamente, sostener que la infidelidad puede conducir a una circunstancia extraordinaria de atenuación es un estándar no aceptable en juicios por femicidio (Reyes, 2021) por naturalizar la violencia de género y conducir a subcalificaciones legales en casos donde las mujeres son víctimas de violencia (Rodríguez y Chejter, 2014). Vincular la infidelidad a la atenuante, la acusada —sin mayor explicación—, también debería ser rechazado en juicios donde las mujeres son acusadas, aunque se tenga como finalidad mejorar su situación procesal. Para la defensa puede ser tentador acudir el "salvoconducto" del estereotipo para producir una idea simplificada ante el jurado: "La mujer reaccionó porque se enteró de la infidelidad del marido". Muchas veces, cuando la defensa acude a esas simplificaciones, está tratando de compensar deficiencias en la investigación y producción probatoria sobre el contexto de violencia "mediante planteos que representan al extremo la femineidad normativa" (Sánchez y Salinas, 2012, p. 206).

La instrucción sobre las circunstancias extraordinarias en el juicio a Belén A. muestra mayor esfuerzo para aludir el contexto de vulnerabilidad en el que los hechos habrían ocurrido. Mencionó "un momento fuera de lo común", que condicionó a la acusada y específicamente señaló que la violencia generada por los "maltratos" y "golpes" puede producir esa situación. Sin embargo, solo mencionó agresiones físicas y no incluyó otras modalidades de violencia reconocidas en la ley 26.485. También hizo referencia a la "convivencia difícil", "altibajos", entre otros, que pueden ser tomados como eufemismos que naturalizan la violencia de género.

Como se señaló en el capítulo 2, María Belén A. y Nélida B. fueron declaradas culpables por homicidio agravado por circunstancias extraordinarias de atenuación. El atenuante fue descartado para Cristina S. y Magalí H., que fueron condenadas por otros delitos (lesiones gravísimas y homicidio culposo), en el juicio a Marta V., que fue declarada no culpable y en el juicio a Jaquelina C., que obtuvo un jurado estancado.

Hallazgos sobre las instrucciones

En este capítulo pudo verse que, salvo excepciones, el jurado recibió una explicación sobre el derecho aplicable con un débil enfoque de género en las instrucciones sobre las defensas presentadas (legítima defensa, inimputabilidad) y los atenuantes (circunstancias extraordinarias de atenuación, emoción violenta). Dos casos se destacan por explicar la causal de justificación del art. 34, inc. 6, CP en línea con los desarrollos dogmáticos y la jurisprudencia con una perspectiva de género. Sin embargo, en esos dos casos el jurado no se inclinó por la alternativa de la legítima defensa.

Las instrucciones de los juicios analizados no siempre incorporaron el concepto de violencia de género, o lo hicieron con remisión a concepciones estereotipadas o eufemismos. Adicionalmente, omitieron explicar, o lo hicieron de manera tímida, cómo la violencia incide en una causa de justificación, un atenuante o la declaración de inimputabilidad. Esta deficiencia contrasta con las teorías del caso presentadas por las defensas en sus alegatos, que sí ofrecieron al jurado una explicación sobre los vínculos entre la violencia y la atribución de responsabilidad penal.

En materia probatoria, solo un caso instruyó al jurado sobre la incidencia de los prejuicios de género en la valoración probatoria. En el resto se omitió incorporar estándares de valoración de la evidencia sobre violencia de género, especialmente cuando ocurre en espacios de intimidad. Como muestra la experiencia comparada, son necesarias pautas específicas para evitar (o atemperar) posibles sesgos en el jurado.

El cotejo de la actividad probatoria, las instrucciones dadas al jurado y los veredictos obtenidos en cada caso parecen indicar que la decisión del jurado está mayormente determinada por la calidad de la prueba. En los juicios en los que las instrucciones no hicieron referencias fuertes en materia de género, pero las defensas pudieron producir prueba de calidad sobre el contexto de violencia y controlaron mejor la introducción de estereotipos de género al debate, se obtuvieron buenos resultados para las acusadas (por ejemplo, Jennifer Ayelén K., Angie R., Analía C., Raquel B.), en comparación con los juicios en que se ofrecieron muy buenas instrucciones con perspectiva de género (María Cristina S., Magalí H.), pero que fueron condenadas por delitos menores. El jurado estancado en el juicio a Jaquelina C. muestra otro comportamiento:

allí fueron explicados los conceptos de violencia de género, pero no se explicitó cómo impactaban en los requisitos de legítima defensa. Las circunstancias reseñadas muestran que, si bien es relevante cómo se explica el derecho, no es determinante en la decisión del jurado, tal como también lo indican otras investigaciones (Porterie y Romano, 2018).

Aun así, si bien las instrucciones con perspectiva de género no garantizan la absolución de las mujeres acusadas, es necesario hacer un mayor esfuerzo en el modo en el que se explica el derecho al jurado para dar cumplimiento al marco normativo que se aplica en estos casos. En definitiva, el amplio desarrollo en derecho penal y probatorio respecto de los temas de violencia de género aún no tiene suficiente impacto en la elaboración de instrucciones al jurado en casos de mujeres que matan, aunque la jurisprudencia de los tribunales de revisión ya se fue pronunciando sobre el mandato constitucional de hacerlo.

Conclusiones

La implementación del sistema de jurados en Argentina se produce en el cruce de dos debates actuales, no siempre convergentes: el problema de la legitimidad de la Justicia y las demandas de mayor perspectiva de género en las intervenciones judiciales. Con este trasfondo, esta investigación buscó conocer cuáles son las respuestas penales que el sistema de jurado popular otorga a las mujeres en contextos de violencia.

El objeto de estudio de esta investigación tuvo como motivación conocer si la participación popular en la Justicia Penal es un mecanismo que mejora el tratamiento del fenómeno de la violencia de género. Para tal pretensión se puso el foco en el caso de mujeres criminalizadas en contextos de violencia. Las preguntas que guiaron la exploración fueron si el sistema de jurados garantiza el juzgamiento con perspectiva de género, y si la participación popular en la Justicia integra el catálogo de demandas posible para lograr un mejor acceso a aquella.

Para obtener información de calidad que aporte conocimiento para estos interrogantes, se acudió al estudio de casos de distintas provincias argentinas, a la observación de las audiencias y a la conversación con actores en esos juicios. Analizar la interacción entre litigantes, jueces y juezas profesionales y jurado es un elemento clave para no sacar conclusiones apresuradas basadas en una opinión que de antemano ya se tiene sobre la conveniencia, o no, de la reforma juradista.

El diseño del juicio por jurados clásico presenta herramientas que permiten controlar que se permeen estereotipos de género que incidan indebidamente sobre el veredicto. En este estudio se focalizó en la audiencia de *voir dire*, la producción de prueba y la elaboración de instrucciones como mecanismos de prevención ante un veredicto que no da exteriorización de motivos.

La investigación encontró que las posibilidades de que las personas que integran el jurado decidan con perspectiva de género está directamente ligado al tipo de actividad que desempeñen jueces/zas, fiscales/as y defensores/as. Es sobre los/las profesionales del derecho en quienes pesan responsabilidades vinculadas a la defensa eficaz, la debida diligencia y la tutela efectiva. Por lo tanto, son quienes tienen las herramientas para guiar al jurado a una decisión basada en la prueba y libre de estereotipos de género.

El análisis de los casos arroja que el jurado frente a mujeres acusadas tiende a inclinarse a decisiones más blandas, ya sea por la absolución o por optar por veredictos de culpabilidad con delitos intermedios menos severos. Cuando el jurado determinó la culpabilidad, en ningún caso fue por un delito que implicara una pena perpetua, aunque esa opción estuviera disponible.

El resultado final del veredicto parece, de todas maneras, insuficiente para evaluar las interacciones del jurado con las acusadas. Observar la calidad del litigio es un factor determinante para controlar que no se produzcan o se convaliden sesgos que luego incidan en la deliberación del jurado.

El mecanismo por excelencia para controlar que las personas decisoras del caso no lleven prejuicios al recinto de deliberación es la audiencia de *voir dire*. Sin embargo, en la mayoría de los casos analizados para esta investigación, esa audiencia no fue suficientemente aprovechada como para descubrir perfiles que fundamenten las recusaciones. Se dio un valor prevalente a la información generada por el formulario escrito que completan candidatos/as previamente a la audiencia, pero no se profundizó en la audiencia acerca de cómo esa información podía incidir en una valoración sesgada de la prueba en el caso en particular. En este sentido, salvo excepciones, el *voir dire* fue una oportunidad perdida para eliminar riesgos de estereotipos de género y otros sesgos en la deliberación final.

Esta investigación no pudo conocer ampliamente cómo fueron valoradas por la defensa y la fiscalía la información generada en el *voir dire* para presentar sus recusaciones, por ejemplo, cuando candidatas afirmaron haber sido víctimas de violencia doméstica. Una mayor litigación sobre estos aspectos permitirá en el futuro generar estándares que mejoren el contenido del principio de imparcialidad desde un enfoque con perspectiva de género. Por otra parte, otros estudios que puedan acceder a los perfiles sociodemográficos de las personas que integran finalmente el jurado podrán evaluar si, más allá de lo que determinan las normas, se cumple con la pretensión de representatividad diversa de la sociedad.

En materia de producción probatoria, se pudo observar que el juicio oral frente al jurado deja en mayor evidencia las fallas de la debida diligencia en la etapa de investigación. El juicio ante jueces/zas populares impide que argumentos dogmáticos compensen esas debilidades porque la contienda principal es sobre los hechos. Las dificultades que los litigantes pudieron enfrentar durante la investigación de los hechos influyeron en la calidad de la prueba presentada en juicio y requirieron que desplegaran sus mejores habilidades para mejorar el desarrollo del debate. En este sentido, el juicio por jurados mejora la calidad del juicio oral.

En términos generales, en la totalidad de los juicios observados, la prueba sobre la violencia de género tuvo efectos en la resolución del caso. Por un lado, en la mayoría la fiscalía terminó validando ese presupuesto fáctico y, aunque le diera consecuencias jurídicas distintas a la propuesta por la defensa, en ocasiones modificó la acusación inicial por una figura penal más atenuada. Si bien el secreto de la deliberación es un punto ciego, puede pensarse que la prueba de la violencia también fue valorada por el jurado, ya sea porque decidió veredictos de no culpabilidad, ya sea porque declaró la responsabilidad penal por delitos menores.

Los términos de la contienda en ciertos juicios también hicieron evidente el debate sobre los valores que estaban en juego. Las partes discutieron si las políticas públicas de prevención de la violencia de género habían sido accesibles en particular para esas mujeres, y la legitimidad o legalidad de declarar la culpabilidad a quienes estuvieron solas por décadas en situación de victimización.

El análisis de las instrucciones sobre las defensas presentadas por las acusadas (legítima defensa, inimputabilidad, emoción violenta) u ofrecidas como alternativa intermedia (circunstancias extraordinarias de atenuación) da cuenta de que, en la mayoría de los juicios, el jurado recibió una explicación sobre el derecho aplicable con un débil enfoque de género, con alguna excepción que merece ser destacada. En materia probatoria, solo un caso hizo referencia acerca de la valoración sin estereotipos, y ninguno otorgó instrucciones acerca de criterios normativos para valorar cierta evidencia asociada al contexto de violencia.

La comparación entre la actividad probatoria y la elaboración de instrucciones indica que el veredicto está mayormente determinado por la calidad de la prueba. En los juicios donde la defensa pudo producir prueba más nítida sobre el contexto de violencia y pudo controlar mejor la introducción de estereotipos de género al debate, se obtuvieron mejores resultados para las acusadas, a pesar de la debilidad de las instrucciones al explicar cómo la violencia incidía en la determinación de la responsabilidad penal.

Finalmente, se observó que tanto defensas como fiscalías acuden en ocasiones a estereotipos en la construcción de la teoría del caso. El uso de este recurso cognitivo puede ser atractivo porque presenta una idea simplificada ante el jurado. Sin embargo, dada la tendencia a utilizar estereotipos discriminatorios sobre las mujeres cuando están en contacto con el sistema de justicia, es necesario ejercer un control más estricto sobre su ingreso a juicio.

En los casos analizados se observó la influencia de estereotipos descriptivos y mitos sobre la violencia, especialmente al momento de explicar las motivaciones del crimen y las dinámicas de relación entre acusada y víctima. Estos sesgos fueron plasmados en interrogatorios durante el *voir dire*, el examen de testigos, los alegatos y la elaboración de instrucciones. En esa situación, es fundamental el uso de objeciones que pueden habilitar o bloquear el ingreso de prejuicios de género. También es importante en este punto el rol que asume el/la juez/a técnico/a, permitiendo o limitando su uso.

Esta investigación tiene como recorte juicios realizados entre 2015 y 2021. Futuros estudios permitirán encontrar que algunas dificultades en el litigio van siendo superadas con el aprendizaje que dan la práctica y el entrenamiento. Y, por sobre todas las cosas, el compromiso que distintos actores tienen con la implementación del jurado en sus jurisdicciones. La jurisprudencia de los altos tribunales sobre algunos aspectos trabajados en esta investigación va mostrando ese camino y cumple una fuerte función pedagógica para procesos en desarrollo.

Los resultados de esta investigación también dejan otras proyecciones para pensar cómo el jurado modifica y legitima los sentidos de la justicia. La decisión del jurado es una decisión soberana, de una legitimidad mucho más fuerte que la decisión de jueces/zas profesionales. Su decisión está basada en la calidad de las teorías del caso ofrecidas por las partes litigantes, y convive con otros discursos sobre los hechos que circulan fuera de la sala de audiencia. ¿Qué sucede cuando el veredicto del jurado no coincide con otros sentidos que se expresan en las calles, en la academia o en medios de comunicación? En dos casos que integran esta investigación, el jurado declaró veredictos de culpabilidad y rechazó supuestos de justificación o de inimputabilidad. En la etapa de revisión sobre la graduación de la pena, jueces/zas profesionales determinaron que el contexto de violencia se había acreditado y dispusieron que se readecue la pena en consecuencia.

Hay otro ámbito donde también hay una búsqueda de un relato que otorgue una verdad a lo que pasó: entre familiares, amistades, persona acusada y víctimas sobrevivientes, también hay una disputa de sentidos. Entre ellos y ellas hay una confrontación acerca de lo que el crimen significa, cuáles fueron sus antecedentes y cómo se dimensiona el daño. Las posibilidades que el juicio por jurados les brindó para reconstruir esa historia y obtener alguna respuesta reparatoria también son líneas de investigaciones futuras.

Bibliografía

AAJJ, "La fiscal Marcela Dimundo cuenta cómo seleccionó al jurado con perspectiva de género *(voir dire)* para lograr la condena al violador de una adolescente en el baño de una fiesta", en *Asociación Argentina de Juicios por Jurados* (blog), 9 de marzo de 2022, http://www.juicioporjurados.org/2022/03/la-fiscal-marcela-dimundo-cuenta-como.html

Alliaud, Alejandra, *Audiencias preliminares*, Ciudad Autónoma de Buenos Aires, Ediciones Didot, 2016.

Almeida, Vanina y Bakrokar, Denise, "El jurado clásico como institución garantizadora de la imparcialidad", en *Juicio por jurados en la Ciudad Autónoma de Buenos Aires*, Jusbaires, 2014.

Amietta, Santiago Abel, "Participación ciudadana en contexto: tendencias y modelos de juicios con jurados en clave socio-jurídica", en *En el estrado. La consolidación de las estrategias participativas en la justicia penal*, editado por María Inés Bergoglio, María Eugenia Gastiazoro, y Sebastián Viqueira, Córdoba, Advocatus, 2019.

Anitua, Gabriel Ignacio, *Jueces, fiscales y defensores*, Ciudad Autónoma de Buenos Aires, Ediciones Didot, 2017.

________, *Justicia penal pública. Un estudio a partir del principio de publicidad de los juicios penales*, Ciudad Autónoma de Buenos Aires, Del Puerto, 2003.

Arduino, Ileana y Lorenzo, Leticia, "Juicio por jurados y cuestiones de género", en *Revista At/pica*, n° 4 (septiembre de 2022), https://revistaatipica.mjus.gba.gob.ar/juicio-por-jurados-y-cuestiones-de-genero/

Arena, Federico José, "Estereotipos normativos y autonomía personal", en *Manual sobre los efectos de los estereotipos en la impartición de justicia*, editado por Federico José Arena, México D.F., Suprema Corte de Justicia de la Nación, 2022.

________, "Estereotipos y hechos en el proceso, en *Manual sobre los efectos de los estereotipos en la impartición de justicia*, editado por Federico José Arena, México D.F., Suprema Corte de Justicia de la Nación, 2022.

Asensio, Raquel, *Discriminación de Género en las decisiones judiciales. Justicia penal y violencia de género*, Buenos Aires, Defensoría General de la Nación Argentina, 2010.

Asensio, Raquel y Di Corleto, Julieta, "Metodología feminista y dogmática penal", en *Mujeres imputadas en contextos de violencia y vulnerabilidad. Hacia una teoría del delito con enfoque de género*, de Patricia Laurenzo Copello, Rita Segato, Raquel Asensio, Julieta Di Corleto, y Cecilia González, ps. 19-42, *Cohesión social en la práctica 14*, Madrid, Eurosocial, 2020.

Bartlett, Katerine, "Métodos legales feministas", *Seminario de integración en la teoría general del derecho: feminismo y derecho*, semestre de 2008.

_______, "Feminist Legal Scolarship: a history through the lens of the California Law Review". *California Law Review*, 2012.

Bergoglio, María Inés, "Miradas sobre el castigo penal en los ciudadanos comunes sobre la distancia entre comentar y decidir", en *En el estrado. La consolidación de las estrategias participativas en la justicia penal*, editado por María Inés Bergoglio, María Eugenia Gastiazoro, y Sebastián Viqueira, Córdoba, Advocatus, 2019.

Bergoglio, María Inés y Viqueira, Sebastián, "El largo camino hacia la participación ciudadana en la justicia", en *En el Estrado. La consolidación de las estrategias participativas en la justicia penal*, Córdoba, Advocatus, 2019.

Berto, Guillermo, "Víctimas de violencia de género se excusaron de ser jurados populares de un femicida", en *Diario Río Negro*, 8 de octubre de 2019, https://www.rionegro.com.ar/victimas-de-violencia-de-genero-se-excusaron-de-ser-jurados-populares-de-un-femicida-1132533/

Bodelón, Encarna. *Violencia de género y las respuestas de los sistemas penales*, Buenos Aires, Ediciones Didot, 2014.

Cano Callejo, Julieta Evangelina, "El derecho penal como 'tecnología de género': el desafío de la inclusión de la perspectiva de género en las sentencias sobre mujeres en roles de 'mulas'", Universidad de Palermo, 2016.

Carnevale, Carlos (editor), "Juicio por jurados. Departamento judicial Bahía Blanca. Informe 2016", Cátedra Procesal Penal, Universidad Nacional del Sur, 2016.

Clérico, Laura, "Hacia un análisis integral de estereotipos: desafiando la garantía estándar de imparcialidad", en *Revista Derecho Estado*, 2018.

Colegio de Magistrados y Funcionarios de la Provincia de Buenos Aires, *Manual de instrucciones al jurado: ley 14.543*, Buenos Aires, Hammurabi, 2014.

Cook, Rebeca y Cusak, Simon, *Estereotipos de género. Perspectivas legales transnacionales*, Bogotá, Profamilia, 2010.

Correa Flórez, María Camila, *Legítima defensa en situaciones sin confrontación: la muerte del tirano de casa*, Bogotá, Grupo Editorial Ibáñez, 2017.

Costa, Malena, *Feminismos Jurídicos*, Ciudad Autónoma de Buenos Aires, Ediciones Didot, 2016.

Custet Llambi, María Rita, "La gota que rebalsó el vaso. La emoción violenta aplicable a las mujeres víctimas de violencia doméstica. Comentario al fallo de la Corte Suprema de Justicia de la Nación, Caso 'P., Y.V.'", en *Género y derecho actual*, abril de 2021.

D'Alessio, Andrés y Divito, Mauro, *Código penal comentado y anotado*, tomo i, Buenos Aires, La Ley, 2005.

De Agostino, Manuela, "El Juicio por jurados en la jurisprudencia del Tribunal de Casación Penal de la Provincia de Buenos Aires. Un análisis de las sentencias dictadas entre 2015 y 2017", en *Juicio por Jurados*, de Gabriel Bombini y Carlos Carnevale, Buenos Aires, Editores del Sur, 2020.

Deanesi, Laura y Varela, Agustín, "Tres temas para pensar la prueba en el juicio por jurados: las instrucciones sobre el reconocimiento de personas, la prueba *bad character* y la condena del coimputado", en *Pensar la Prueba*, editado por Pablo Rovatti y Alan Limardo, vol. 1, Ciudad de Buenos Aires, Editores del Sur, 2020.

Defensoría General de la Nación, *Femicidio y Debida Diligencia: estándares internacionales y prácticas locales*, Ciudad Autónoma de Buenos Aires, Amnistía Internacional, Defensoría General de la Nación, 2015.

Di Corleto, Julieta, "Mujeres que matan. Legítima defensa en el caso de las mujeres golpeadas", en *Revista de Derecho Penal y Procesal Penal Lexis Nexis*, 2006.

Di Corleto, Julieta; Lauría Masaro Mauro y Pizzi, Lucía. *Legítima defensa y géneros. Una cartografía de la jurisprudencia argentina*, Referencia Jurídica e Investigación, Secretaría General de Capacitación y Jurisprudencia. Boletín de Jurisprudencia. Buenos Aires: Defensoría General de la Nación Argentina, 2020.

Di Corleto, Julieta y Piqué, María Luisa, "Pautas para la recolección y valoración de la prueba con perspectiva de género", en *Género y derecho penal. Homenaje al Profesor Wolfgang Schöne*, editado por J. Hurtado Pozo, Lima, Instituto Pacífico, 2017.

Duce, Mauricio, *La prueba pericial*, Buenos Aires, Ediciones Didot, 2020.

Ferrer Beltrán, Jordi, "Sobre el deber de motivación de las decisiones probatorias y el juicio por jurados. La sentencia V.R.P., V.P.C. y otros vs. Nicaragua de la Corte IDH", en *Quaestio facti, Revista Internacional sobre Razonamiento Probatorio,* Marcial Pons, 2021.

Gargarella, Roberto, *Castigar al prójimo: por una refundación democrática del derecho penal*, Buenos Aires, Siglo Veintiuno Editores, 2016.

Gastiazoro, María Eugenia, "El infanticidio y los derechos de las mujeres en casos con jurados populares", en *En el estrado. La consolidación de las estrategias participativas en la justicia penal*, editado por María Inés Bergoglio, María Eugenia Gastiazoro y Sebastián Viqueira, Córdoba, Advocatus, 2019.

Gimeno, Beatriz, *La construcción de la lesbiana perversa. Visibilidad y representación de las lesbianas en los medios de comunicación. El caso Dolores Vázquez Wanninkhof*, España, Gedisea, 2008.

Godino, Federico Lucio, "Las objeciones en el examen y contraexamen de testigos y peritos en el debate oral", en *Medios de prueba en el proceso penal*, editado por Pablo Ordoñez, vol. 5., Buenos Aires, Hammurabi, 2022.

González, Cecilia, "El sistema de jurados frente a mujeres que matan a su pareja violenta. El litigio en el centro del debate", en *Feminismo y derecho penal*, editores José Ángel Fernández Cruz y Rocío Lorca Ferrecio, Valencia, España, Tirant Lo Blanch, 2024.

________, "Juicio por jurados y debida diligencia en el juzgamiento de la violencia de género. Las instrucciones al jurado", en *Revista Jurídica de la Universidad de Palermo*, año 19, n° 1 (junio de 2021), https://www.palermo.edu/derecho/revista_juridica/pub-19-1/00_Revista_Juridica_Ano19-N1-05.pdf

González, Cecilia y Saralegui Ferrante, Natalia, "La garantía de imparcialidad a la luz de las desigualdades de género. Comentario al fallo 'Díaz'", en *Jurisprudencia de Casación Penal. Justicia Nacional*, editado por Adrián Martin, vol. 7, Buenos Aires, Editorial Hammurabi, 2022.

Graw Leary, Mary, "Is the #MeToo Movement for Real? Implications for Juror's Biases in Sexual Assault Cases", en *Louisiana Law Review*, 2020.

Guerrero, Maite, "La incorporación de la perspectiva de género en el juicio por jurados: un análisis a la luz de la reciente sanción de la Ley n° 6451 de Juicios por Jurados de la Ciudad Autónoma de Buenos Aires", en *Lecciones y ensayos*, 2021.

Hans, Valerie, "The Conduct of Voir Dire. A Psychological Analysis", en *The Justice System Journal*, 1986.

Harfuch, Andrés. *El juicio por jurados en la provincia de Buenos Aires. Ley provincial 14.543 anotada y comentada. El modelo de jurado clásico,* Buenos Aires, Ad-Hoc, 2013.

________, *El jurado clásico. Manual modelo de instrucciones al jurado. Ley modelo de juicio por jurados*, Buenos Aires, Ad-Hoc, 2014.

________, "El veredicto del jurado", Universidad de Buenos Aires, Facultad de Derecho, 2016.

Harfuch, Andrés; Bilinski, Mariana y Ortiz, Andrea, "El jurado indígena en Argentina", en *Juicio por jurados y procedimiento penal*, de Gustavo Letner y Luciana Piñeyro, 25-32, Ciudad Autónoma de Buenos Aires, Jusbaires, 2017.

Heim, Daniela. *Mujeres y acceso a la justicia*, Ciudad Autónoma de Buenos Aires, Didot, 2016.Hooks, bell, *El feminismo es para todo el mundo*, Madrid, Traficantes de sueños, 2018.

Hopp, Cecilia, "Legítima defensa de las mujeres: de víctimas a victimarias", en *Jurisprudencia penal de la Corte Suprema de Justicia de la Nación*, editado por Leonardo Pitlevnik, 13:43-78, Buenos Aires, Hammurabi, 2012.

________, *Maternidades enjuiciadas, delitos de omisión*, Ciudad Autónoma de Buenos Aires, Didot, 2023.

INECIP, "Histórico respaldo de la Corte Interamericana de Derechos Humanos (CIDH) al jurado clásico", *https://inecip.org/* (blog), 29 de mayo de 2018. https://inecip.org/noticias/historico-respaldo-de-la-corte-interamericana-de-derechos-humanos-cidh-al-jurado-clasico/

Jornadas Juicio por Jurados Género y Raza, s. f., https://youtu.be/fozPkEB-P74

Juicio por Jurados: motivación, unanimidad y sistema recursivo. Colegio de Abogacía de La Plata, s. f., https://www.youtube.com/watch?v=0NlzXH1aULY

Kalafatich, Caren, "Juicio por juradxs y género: ¿la paridad como punto de llegada o como punto de partida?", en *Juicio por jurados en la justicia civil: materiales y reflexiones desde Argentina*, editado por

Leonel González Postigo y Matías Sucunza, p. s 137-67. Santiago de Chile: CEJA, 2021.

Laigle, María Eugenia, "Perspectiva de géneros en el juicio por jurados", Mendoza, 31 de agosto de 2022, http://av.jus.mendoza.gov.ar/moodle/course/view.php?id=833#section-8

Lanzilotta, Sofía, *Indefensión en el hogar, autodefensa y defensa jurídica*, Ciudad Autónoma de Buenos Aires, Editores del Sur, 2021.

Larrauri, Elena, "Violencia doméstica y legítima defensa. Un caso de aplicación masculina del derecho", en *Mujeres y sistema penal. Violencia doméstica*, Buenos Aires, BdeF, 2008.

LATFEM, "¿De qué hablamos cuando decimos reforma judicial transfeminista?", *LATFEM*, 29 de enero de 2021, https://latfem.org/de-que-hablamos-cuando-decimos-reforma-judicial-transfeminista/

Laurenzo Copello, Patricia; Segato, Rita; Asensio, Raquel; Di Corleto, Julieta y González, Cecilia, *Mujeres imputadas en contextos de violencia de género o vulnerabilidad. Hacia una teoría del delito con enfoque de género*, Colección Eurosocial 14, Madrid, 2020.

López Peiró, Belén. *Donde no hago pie*, Buenos Aires, Lumen, 2021.

Lorenzo, Leticia, "Impugnación y juicio por jurados. Un camino a recorrer", en *Visiones acerca de las justicias. Litigación y gestión para el acceso*, Ciudad Autónoma de Buenos Aires, Editores del Sur, 2020.

________, *Manual de litigación*, Buenos Aires, Ediciones Didot, 2012.

________, "Valoración probatoria, construcción de sentencias y perspectiva de género", en *Visiones acerca de las justicias. Litigación y gestión para el acceso*, Ciudad Autónoma de Buenos Aires, Editores del Sur, 2020.

Lorenzo, Leticia y Lopardo, Mauro, "Una apuesta a futuro. Metodología para el desarrollo y discusión de reglas de evidencia", en *Los caminos de la prueba*, ps. 225-265, Ciudad Autónoma de Buenos Aires, Editores del Sur, 2021.

Madriz, Esther, *A las niñas buenas no les pasa nada malo*, México D.F., Siglo Veintiuno Editores, 2001.

Maier, Julio, *Derecho Procesal Penal. Fundamentos*, Buenos Aires, Del puerto, 2004.

Maqueda Abreu, María Luisa, *Razones y sinrazones para una criminología feminista*, Madrid, Instituto Andaluz Interuniversitario de Criminología, Dykinson S., 2014.

Ministerio Público Fiscal de la Nación Argentina, "La violencia contra las mujeres en la justicia penal", Dirección General de Políticas de Género, 2018.

Monod Nuñez, Paula, "¿Es constitucional la imposibilidad de recurrir la sentencia absolutoria del jurado en casos de violencia de género, o contrariamente es violatoria de Tratados Internacionales con pasible responsabilidad para el Estado Argentino? Análisis de la legislación de la Provincia de Buenos Aires y proyectos de la Ciudad Autónoma de Buenos Aires", en *Revista de Derecho Penal y Procesal Penal de la Caba*, n.° 16 (9 de octubre de 2020). https://ar.ijeditores.com/pop.php?option=articulo&Hash=67e829dcba6c7a9d0bebf4a2a99b8d7b#indice_3

Moreno Holman, Leonardo, *Teoría del caso*, Ciudad Autónoma de Buenos Aires, Didot, 2015.

MSECVI, "Recomendación General n° 1 del Comité de Expertas del MESECVI sobre legítima defensa y violencia contra las mujeres de acuerdo al artículo 2 de la Convención de Belém do Pará, 2018", 2018.

Naredo Molero, María; Casas Vila, Gloria y Bodelón, Encarna, "La utilización del sistema de justicia penal por parte de mujeres que enfrentan la violencia de género en España", en *Violencia de género y las respuestas de los sistemas penales*, de Encarna Bodelón, Buenos Aires, Ediciones Didot, 2014.

Nicora, Guillermo, "Composición e integración del jurado", en *Juicio por jurados en la Ciudad Autónoma de Buenos Aires*, CABA, Jusbaires, 2014.

________, "Selección de jurados desde cero. Una primera mirada sobre las nuevas destrezas de litigio", en *Revista Pensamiento Penal*, 3 de marzo de 2014.

________, "El Voir Dire. Claves para lograr un jurado competente, independiente e imparcial", en *Juicio por jurados y procedimiento penal*, editado por Gustavo Letner y Luciana Piñeyro, 73-103. CABA: Jusbaires, 2017.Oficina de Jurados Populares, y Oficina de la Mujer, "Conceptos básicos para juzgar con perspectiva de género", Poder Judicial de Córdoba, 2022, https://www.justiciacordoba.gov.ar/

Orias Arredondo, Ramiro, "Jueces ciudadanos: Democratizando la justicia en Bolivia.", en *Revista Sistemas Judiciales,* CEJA, vol. 9, n°. 17, ps. 26-38, 2013.

Penna, Cristian, "Cuando un juez usurpa las funciones del jurado: comentario al fallo 'Álvarez/Telechea' del Tribunal de Casación Penal de la provincia de Buenos Aires", en *Revista digital Rubinzal-Culzoni*, junio de 2021, RC D 214/2021.

________, "El juicio por jurados y sus etapas intrínsecas: el *voir dire* y las instrucciones del juez al jurado", en *Juicio oral*, de Santiago Martínez y Gonzalo Postigo, Editores del Sur, 2019.

________, "Las instrucciones del juez al jurado", INECIP, 2019.

Piqué, María Luisa, "Créanle a sus ojos. La prueba en el juicio por el homicidio de George Floyd", en *Medios de prueba en el proceso penal*, editado por Pablo Ordoñez, vol. 5, Buenos Aires, Hammurabi, 2022.

________, "Esta vez las vidas negras sí importaron: el juicio por el homicidio de George Floyd", *Palabras del Derecho* (blog), 5 de junio de 2021, https://palabrasdelderecho.com.ar/articulo/2695/Esta-vez-las-vidas-negras-si-importaron-el-juicio-por-el-homicidio-de-George-Floyd

________, "Juicio por Jurados: motivación, unanimidad y sistema recursivo", Colegio de Abogacía de La Plata, 2 de diciembre de 2021. https://www.youtube.com/watch?v=0NlzXH1aULY

Piqué, María Luisa y Fernández Valle, Mariano, "La garantía de imparcialidad judicial desde la perspectiva de género", en *Tratado de géneros, derechos y justicia. Derecho penal y sistema judicial*, editado por Marisa Herrera, Silvia Fernández y Natalia de la Torre, tomo 1, Santa Fe, Rubinzal-Culzoni Editores, 2020.

Pitch, Tamar, *Contra el decoro y otros ensayos*, Buenos Aires, AD-Hoc, 2015.

Pitlevnik, Leonardo y Zalazar, Pablo, "Eximentes de la responsabilidad penal en los casos de mujeres víctimas de violencia", en *Género y justicia penal*, editado por Julieta Di Corleto, 73-101, CABA, Didot, 2017.

Porterie, Sidonie y Romano, Aldana, "El poder del jurado: descubriendo el juicio por jurados en la Provincia de Buenos Aires", Instituto de Estudios Comparados en Ciencias Penales y Sociales-INECIP, 2018.

Reyes, Analía Verónica, "Instrucciones al jurado con perspectiva de género", en *Revista La Ley*, 10 de septiembre de 2021.

________, "Veredicto del jurado: culpable por el crimen de travesticidio. Importancia del litigio y las instrucciones con perspectiva de género", en *Revista Pensamiento Penal*, 18 de septiembre de 2022, https://www.pensamientopenal.com.ar/doctrina/90373-veredicto-del-jurado-culpable-crimen-travesticidio-importancia-del-litigio-y

Rioseco Ortega, Luz, "Culminación de la violencia doméstica. Mujeres que asesinan a sus parejas-defensas penales posibles", en *Género y Derecho*, editado por Alda Facio y Lorena Fries, Santiago de Chile, LOM ediciones-La Morada, 1999.

Rodríguez, Marcela, "Ley de protección integral contra la violencia de género: aciertos, retrocesos y desafíos", en *Discriminación y género: Las formas de la violencia*, ps. 131-154. Ciudad Autónoma de Buenos Aires, Ministerio Público de la Defensa, s. f.

Rodríguez, Marcela y Chejter, Silvia, *Homicidios conyugales y de otras parejas. La decisión judicial y el sexismo*, Buenos Aires, Del Puerto, 2014.

Romano, Aldana; Sidonie Porterie María y Hans, Valerie. "El jurado neuquino: el comienzo del jurado clásico en la Argentina", Instituto de Estudios Comparados en Ciencias Penales y Sociales, INECIP, 2021.

Romano, Aldana y Porterie, Sidonie, "Juicio por jurados y género: nuevos desafíos para la enseñanza del derecho", en *Jornadas Justicia Penal, Géneros y Enseñanza del Derecho*, editado por Ileana Arduino y Julieta Di Corleto, 2022, https://inecip.org/wp-content/uploads/2022/06/Jornadas-Justicia-Penal-ge%CC%81neros-y-ensen%CC%83anza-del-derecho_030622-1.pdf

Rotenstein, Vivian y Hans, Valerie, "Gentlewomen of the Jury", en *Michigan Journal of Gender & Law*, 2023, https://ssrn.com/abstract=4114175

Sánchez, Luciana, "Testigo modesto conoce Hombre hembra: el testimonio experto como medio para la introducción válida del conocimiento situado en los procesos por violencia de género y prejuicio LGBTTTIQ", en *Miradas feministas sobre los derechos*, de Diana Maffia, P. Gómez, y A. Moreno, p. 189, Ciudad Autónoma de Buenos Aires, Editorial JUSBAIRES, 2019.

Sánchez, Luciana y Salinas, Raúl, "Defenderse del femicidio", en *Violencia de género. Estrategias de litigio para la defensa de los derechos de las mujeres*, ps. 183-216, Buenos Aires, Defensoría General de la Nación Argentina, 2012.

Schiavo, Nicolás, *El juicio por jurados. Análisis doctrinal y jurisprudencial*, Buenos Aires, Hammurabi, 2016.

Viqueira, Sebastián, "De las formas a las prácticas. Los procesos de selección de jurados en perspectiva comparada", en *En el estrado.*

La consolidación de las estrategias participativas en la justicia penal, editado por María Inés Bergoglio, María Eugenia Gastiazoro, y Sebastián Viqueira, Córdoba, Advocatus, 2019.

Tribunal Supremo de Puerto Rico, "Libro de Instrucciones al Jurado", 2022.

Vargas, Nicolás Omar, "Algunas cuestiones vinculadas al juicio por jurados y la prueba", en *Medios de prueba en el proceso penal*, editado por Pablo Ordoñez, vol. 5, Buenos Aires, Hammurabi, 2022.

Verona Gómez, Daniel, *¿Juez o jurado? Un análisis a partir de los casos de mujeres maltratadas que se rebelan contra su tirano*, Barcelona, Atelier Libros Jurídicos, 2021.

Walker, Leonore, *El síndrome de la mujer maltratada*, Bilbao, Desclée de Brouwer Editores, 2012.

Zaffaroni, Eugenio Raúl; Alagia, Alejandro y Slokar, Alejandro, *Derecho penal: parte general*, Buenos Aires, Ediar, 2005.

Zvilling, Fernando Javier, "El juicio por jurados. Una visión epistémica", 2021. http://www.juicioporjurados.org/2021/06/doctrina-el-juicio-por-jurados-una.html